August Schmarsow

Pinturicchio in Rom

eine kritische Studie

August Schmarsow

Pinturicchio in Rom
eine kritische Studie

ISBN/EAN: 9783744657181

Hergestellt in Europa, USA, Kanada, Australien, Japan

Cover: Foto ©ninafisch / pixelio.de

Weitere Bücher finden Sie auf **www.hansebooks.com**

PINTVRICCHIO

IN

ROM

EINE KRITISCHE STVDIE

VON

AVGVST SCHMARSOW

STVTTGART

VERLAG VON W. SPEMANN

1882

DEM GREISEN FREVNDE

KARL EDVARD VON LIPHART

VEREHRVNGSVOLL

GEWIDMET.

Es ist mir ein erhebendes Bewusstsein die nachstehende Arbeit vor Allen in Ihre Hände legen zu dürfen, hochverehrter Freund; denn Sie kennen die wissenschaftliche Gesinnung, aus der sie hervorgegangen.

Ist es doch auch Ihre Ansicht, dass Cavalcaselle's Forschungen die sichere Grundlage für jeden Weiterbau auf diesem Gebiete bilden, widmen Sie ja, wie ich weiss, die höchste Verehrung diesem Manne, der inmitten der drückendsten Verhältnisse unermüdlich in ganz Europa die Denkmäler der christlichen Malerei mit peinlicher Gewissenhaftigkeit gemustert, sie mit schärfstem Blick auf ihren Wert geprüft, kurz, eine Aufgabe erfüllt hat, an die Niemand vor ihm gedacht hatte. Jetzt sind durch seinen trefflichen Mitarbeiter Crowe die Früchte dieser Tätigkeit zum allgemeinen Besitztum geworden, auf dem wir überall fussen. Es sind Mängel, Irrtümer darin, schreien die Nachkömmlinge, die solch eine Mühe gewiss nicht auf sich genommen. Was sagt man damit? War es möglich, diese Fülle von Material auf einmal endgültig zu sichten? Wenn nur alle so selten und verständig irrten, so zuverlässig arbeiteten, wie Cavalcaselle.

Erst wer mit den Resultaten einer so umfassenden Kenntniss redlich gerungen und gewissenhaft abgerechnet hat, darf einen Schritt weiter zu kommen hoffen. Auch dieser Versuch einer Nachprüfung und Ergänzung des Aufsatzes über Pinturicchio in Crowe und Cavalcaselle's Buch kann den höchsten Preis des Strebens nur darin suchen, einen Beitrag zur neuen Bearbeitung dieses verdienstvollen Werkes zu liefern. Allerdings, das Bedürfniss des Historikers, das Werden und Wachsen zu verfolgen, hat mich zu einer durchgreifenden Umgestaltung veranlasst: die chronologische Strenge rechtfertigt sich selbst; ob es mir gelungen, die stilistischen Wandlungen in ihrem lebendigen Zusammenhang aufzufinden und zu verstehen, muss dem Urteil derer anheimgestellt werden, die ihm gleiche Sorgfalt gewidmet haben. Jedenfalls war hierfür die Scheidung eigenhändiger Arbeit Pinturicchio's von fremden Zutaten unerlässlich. Sie mag in dieser consequenten Durchführung immerhin als Wagniss erscheinen und sich dem Gutdünken Fernerstehender entziehen.

Meine Ergebnisse konnten allein aus andauerndem Studium und wiederholter Vergleichung der Denkmäler erwachsen; die meisten Abschnitte dieser Schrift sind also in

Italien selbst entstanden, d. h. nicht mehr neuesten Datums. Unerwartete Ablenkungen haben die Ausführung und Zusammenstellung des Ganzen verzögert.

So ist sie auch mehr eine kritische Auseinandersetzung, als eine gestaltende Darstellung geblieben. Schon die Genauigkeit der beschreibenden Teile widerstrebt der glatten Lesbarkeit. Nirgends ist es meine Absicht eine im Voraus aufgestellte These mit allen Mitteln der Dialektik zu beweisen, — Sie wissen, wie sehr dies scholastische Verfahren meinen Begriffen von historischer Wahrheit widerspricht, — sondern es soll den Gegenständen selber, unbekümmert um die Schlussfolgerungen, zu denen dies führen mag, abgefragt werden, was sie in ihrem heutigen Zustande dem aufmerksamen Auge noch verraten. Darum muss auch der Leser mit der Geduld des Empirikers den Beobachtungen folgen, darum will diese Studie Schritt für Schritt nachgeprüft sein, am liebsten vor den Originalen. Leider konnte dies nicht durch ausgiebigere Illustration vorbereitet und erleichtert werden. Die Verwaltung der vaticanischen Bibliothek, zu welcher das viel zu selten und viel zu flüchtig besuchte Appartamento Borgia gehört, beabsichtigt selbst eine photographische Publication. Diese steht indess nahe bevor, sodass ich darauf verweisen darf.

Genug, die ganze Arbeit hängt überall noch mit dem mütterlichen Boden zusammen und erweist sich eben dadurch als zugehörig zu jenen eigentlich italienischen Forschungen, denen Sie sich, — in selbstloser Zurückgezogenheit uns allen ein mahnendes Vorbild, — schon seit langen Jahren gewidmet. Ich sende also Ihnen nach Florenz dies Pfand meiner Huldigung; begegnen sich doch unsere Hoffnungen in dem Wunsche, dass es das Halteglied einer langen Kette, einer treuen aufopfernden Nachfolge werden möge.

Göttingen, im Juni 1882.

Der Verfasser.

Inhalt.

ernardino Pinturicchio verdankt den guten Klang seines Namens hauptsächlich dem Freskencyklus aus dem Leben des Enea Silvio Piccolomini in der Dombibliothek zu Siena. Durchgehends treffliche Erhaltung, als Frucht der vollendeten Technik, Sorgfalt und Gleichmässigkeit der Ausführung, erhöht die farbenprächtige, einheitliche Wirkung des Ganzen. Hier offenbart sich der heitere Schönheitssinn des Zeitalters in seiner köstlichen Naivetät und Frische glücklicher als in manchen innerlich weit überlegenen Werken. Der märchenhaft überraschende Eindruck wirbt immer neue Bewunderer, da er so leicht und unmittelbar gewonnen wird.

Indessen, sobald man sich entschliesst das Einzelne zu prüfen, folgt eine schwer verzeihliche Enttäuschung. Die glänzende Aussenseite verhüllt doch nicht den Mangel innerer Durchbildung, die Menge reichgekleideter Personen nicht die Dürftigkeit der Phantasie, die lebhafte Bewegung nicht die schablonenmässige Mache. Nirgends spricht aus diesen Malereien die Wahrheit und Wärme der Empfindung, nur die schwungvolle Sicherheit der Routine. Die Compositionen vollends sind keineswegs gleichwertig; nur die Tatsache, dass eine Reihe von Gehülfen mitgewirkt, kann das abfällige Resultat mildern.

Angesichts eines solchen Widerspruchs zwischen dem schönen Schein und eigentlich künstlerischen Qualitäten dieser berühmten Schöpfung, darf es nicht verwundern, wenn Kritik als Verleumdung gescholten wird, und die Meinung über Pinturicchio selbst, seinen Wert und Charakter den seltsamsten Schwankungen unterliegt.

In der Tat muss gesagt werden, dass eine Beurteilung des Meisters nach diesem einen Werke, das man als die vollendetste Leistung preist, ebenso ungerecht als unrichtig wäre.

Der Auftrag des alten vereinsamten Cardinals Francesco Piccolomini kam wie ein später Nachtrag, als der Wetteifer von Päpsten und Nepoten, der Rovere, Cybò und Borja den Maler bereits lange Jahre unausgesetzt in Anspruch genommen; seine besten Kräfte durften erschöpft, wenigstens die Frische der Erfindung dahin sein, als diese Arbeit nicht ohne mancherlei Störung zwischen 1503 und 1508 zu Stande kam. Pinturicchio's Blütezeit und aufsteigende Entwicklung liegt in seinem Aufenthalt zu Rom. Hier sind die zahlreichsten und die wichtigsten seiner Werke entstanden; Pinturicchio in Rom muss aufgesucht und in den Vordergrund gerückt werden, wenn es sich darum handelt, sein Wesen kennen zu lernen und seine historische Stellung zu bestimmen.

Auf die Stadt der Päpste richtet die Geschichte der italienischen Kunst mit an erster Stelle ihr Augenmerk. Was auf diesem klassischen Boden erwächst, übt von selber weit

1

hinaus eine vorbildliche Kraft. Der Schauplatz fordert nicht nur den Künstler auf, sein Bestes zu geben, sondern auch den Kritiker, einen grösseren Massstab anzulegen.

Die nachstehenden Untersuchungen über die römische Tätigkeit Pinturicchio's möchten vor Allem dazu beitragen das Urteil über den Künstler zu klären, zumal da sich neuerdings herausgestellt hat, wie wenig die Kenntniss grade dieser Jahre seines Lebens verbreitet ist. Gelingt es hier sein Eigenstes aus fremdartiger Verquickung herauszuschälen und den Wirkungskreis, der ihm zweifellos gehört, deutlich abzugränzen, so wäre dadurch die jetzt noch herrschende Verwechslung mit seinen Schul- und Kunst-genossen ein für alle Mal überwunden, ein Resultat, das für die Vorgeschichte Raphaels ebenso wünschenswert erscheint, wie für das Verständniss der Uebergangszeit aus dem Quattrocento ins Cinquecento.

I.

Pinturicchio's Herkunft von Fiorenzo di Lorenzo und seine frühen Tafelbilder.

Pinturicchio's Anfänge sind dunkel wie die Perugino's. Aufmerksame Beobachtung seiner späteren Gewohnheiten bestätigt indessen den Wink Vasari's über seine Beziehung zu Benedetto Buonfigli, dem er wenn auch nicht als Freund zur Seite gestanden, doch gewiss für manche Anregungen und manchen unauslöschlichen Eindruck verpflichtet ist. Die Vorliebe für einen bestimmten Idealtypus der Köpfe, der in einem nach unten spitz zulaufenden Oval ein schmales Gesicht mit hochgeschwungenen Brauen, mandelförmig geschnittenen Augen, deren Oberlid voll und schwer herüberhangt, mit feiner grader Nase und zierlichem Mündchen umschliesst, zieht sich unverkennbar durch seine ganze Tätigkeit hin. Diesen Typus, den bereits minder bekannte Meister Westumbriens vorbereitet, finden wir gerade bei Benedetto Buonfigli an fast allen jugendlichen Gestalten, besonders Engeln und an der Madonna selbst. Nur seine Verkündigung mit dem schreibenden Lucas in der Mitte mag aus der Reihe solcher Beispiele in der Galerie zu Perugia hervorgehoben werden.

Den nämlichen Idealtypus behält auch Fiorenzo di Lorenzo in seinen älteren Werken bei: das Breitbild mit der Anbetung der Hirten in derselben Sammlung zeigt die Madonna genau in diesem Sinne weitergebildet; auch einige Engel sind ganz verwandt, während Joseph und der älteste Hirt als Urbilder der bei Pinturicchio häufig wiederkehrenden bärtigen Männer erscheinen. Der letzte der Hirten erinnert bereits an Perugino, und in dieser Richtung hat Fiorenzo später auch sein Madonnenideal modifizirt. Das bekundet auffallend genug jenes 1487 datirte Altarstück mit Petrus und Paulus zu den Seiten einer Nische, in der die Statuette des heiligen Franciscus gestanden, und mit der Madonna im Cherubkranz von zwei Engeln verehrt im Bogenfelde darüber. Hier begegnen in voller Ausbildung jene Lieblingsköpfe Fiorenzo's mit den runden Augen, deren Lider etwas geschwollen sind, mit dicklicher Nasenspitze, den geschwungenen Lippen und den tief in die vollen Wangen eingebohrten Mundwinkeln.

Bernardino Pinturicchio dagegen hat sich den älteren Madonnentypus bei Buonfigli in seiner Weise angeeignet, arbeitet ihn im Anschluss an jene früheren Werke Fiorenzo's mit stärkerer Formgebung und plastischer Bestimmtheit aus, um ihm dann während seines ganzen Lebens treu zu bleiben. Als jungfräuliche Mutter wie als Königin des Himmels bewahrt seine Maria allein, und mit ihr gelegentlich Engel, jugendliche Heilige oder allegorische Frauengestalten, jenes schmale, spitz zulaufende Oval mit den scharfgeschnittenen Formen darin, während sonst überall das Beispiel seiner Meister und Freunde, Fiorenzo vor Allem und Perugino ihren bestimmenden Einfluss auf ihn üben.

Diese Erscheinung redet überzeugend genug für sich selber. Dass Pinturicchio aber nicht Buonfigli, sondern Fiorenzo die wichtigsten Grundlagen seines Kunstvermögens dankt, bezeugt eine lange, nie ganz überwundene Abhängigkeit von den Vorzügen wie von den Unarten dieses Landsmannes, und so darf ein Ueberblick über die Eigenschaften des Letzteren den Einblick in die Lehrzeit Bernardino's ersetzen.

Fiorenzo di Lorenzo ist trotz manchen liebenswürdigen Eigenschaften und anerkennenswerten Leistungen doch keine originale Kraft. Seine künstlerische Entwicklung wird nicht durch organisches Wachstum individueller Gaben bestimmt, sondern durch Einflüsse fremder Meister, zwischen denen er zeitweilig sogar unsicher hin und her schwankt; was er an Positives ausbildet, ist äusserliche Angewöhnung, Pose, ja Manier weit mehr, als irgend eine innere Qualität. Seine Fortschritte in der Zeichnung sind unleugbar gegenüber den Vorgängern; aber sie sind durch zahlreiche Provinzialismen und persönliche Absonderlichkeiten entstellt. Sein unverkennbares Streben nach Würde des Ausdrucks und lieblicher Innigkeit fällt gar zu häufig ins Kleinliche; seine vorzüglichsten Gestalten sind doch nicht intensiv genug belebt, um uns als freie Schöpfungen eigener Art entgegen zu treten. Er ist die Vorstufe, ohne welche Pinturicchio nicht denkbar wäre; sowie aber dieser und Perugino selbständig heraustreten, verschwindet er fast völlig nicht sowol durch spezielle Ungunst des Schicksals, als durch den Mangel an ausgesprochener Eigentümlichkeit, an geistigem Schwung, der sich neben jenen zu behaupten vermöchte. Und dieses Zurücktreten seines Namens ist um so begreiflicher, je mehr Pinturicchio nur als Fortsetzung des Fiorenzo erscheint.

Ob ein vermittelnder Meister in Perugia, ob direct Benozzo Gozzoli (1450—56 in Montefalco und Perugia) seine ersten Schritte bestimmt, — für den Zeitpunkt, wo er uns angeht, kommen sicherlich andere Elemente in Frage. Fiorenzo muss ebenso wie Perugino sein Bestes von den Ufern des Arno heimgebracht haben, und schöpfte gewiss Manches, das man dem Einfluss des Letzteren beimisst, unmittelbar aus der Quelle; denn seine früheren Werke zeigen vor jenen Bestrebungen, welche das Beispiel des grösseren Landsmannes veranlassen konnte, schon andere Kenntnisse, die nirgends sonst als unter der Kuppel Brunellesco's gewonnen werden mochten, jedoch einer früheren Phase der schnellfortschreitenden florentinischen Kunstentwicklung angehörten, als die, welche Perugino's Stärke gebildet, und sie gerade sind es, welche dann auf Pinturicchio übergiengen.

Die Anwesenheit des Fiorenzo zu Florenz, die wir voraussetzen, muss in jene Jahre gefallen sein, wo neben den Werken des Benozzo Gozzoli der Eindruck derer des Fra Filippo fortwirkte, wo die Richtung des Pollajuolo und des Andrea del Verrocchio noch so viel Verwandtschaft zeigten, dass man Kunstforscher bis heute sie verwechseln. Wie diese Elemente damals zusammen schossen, ehe sich das Neue daraus krystallisirte, bezeugt am besten jenes frühe Gemälde Verrocchio's, das aus der Nonnenkirche S. Domenico, wo es sich laut Vasari befand, neuerdings durch verschiedene Hände in den Besitz des Mr. Duncan nach Glasgow gekommen [1]. Hier finden sich zahlreiche Merkmale, welche Fiorenzo di Lorenzo angenommen hat, sogar die breiten Nasenflügel und die abstehenden kleinen Finger. Aus den Köpfen der Engel, des Christkindes, des Jacobus Major, grade

---

[1] Brogi, Nro. 2801. In der Etruria pittrice, Taf. XVI.

jener Gestalten, in denen die spätere Eigenart des Verrocchio hervortritt, leiten sich durch einfache Uebersetzung in umbrische Zierlichkeit und Empfindung die Typen des Fiorenzo her. Damals aber entstanden in Florenz auch die Darstellungen Pollajuolo's aus dem Leben Johannes des Täufers, welche als Vorlagen für die Stickerei an Messgewändern des Battistero gedient haben [1]. — Zeichnungen, welche durch die mannichfaltige stark accentuirte Gebärdensprache weit mehr Anspruch auf Beachtung haben, als ihnen bis jetzt zu Teil wird. Diese Gebärdensprache aber und die heftigen Bewegungen wie die langgestreckten Gestalten hat Fiorenzo di Lorenzo frischweg in den kleinen Geschichten des hl. Bernardin verwertet, deren eine das Datum 1473 trägt.

Von Pollajuolo stammen hier auch Einzelnheiten der Costüme, die sorgfältige Behandlung der Brokatstoffe, mit ihren runden pelzgefütterten Falten, selbst die krallige Zusammenziehung der Finger. Daneben tritt in diesen Bildern aber auch Verrocchio's Vorbild in der oben angedeuteten Richtung, in der Gesichtsbildung und Faltengebung auf, die unverkennbaren Anfänge jener Stilwandlung, die das Altarbild mit dem vollen Namen Florentius Laurentii von 1487 in fertiger Abgeschlossenheit erscheinen lässt. Dass Fiorenzo nicht blos durch Perugino's Vermittlung, sondern direct mit den Florentinern in Berührung gestanden, kann gewiss nicht geleugnet werden, wenn man das 1481 datirte Madonnenbild in Berlin als sein Eigentum betrachtet [2]. Der Kopf der Maria mit dem doppelten Tuch, das über die Schultern herabfällt, kommt doch der Form der Drapirung, wie dem Ausdruck nach von Fra Filippo her, wenn er auch schon im Sinne der frühen Werke Verrocchio's abgewandelt ist. Das Motiv mit dem Granatapfel und das dickköpfige Kind erinnern wieder an den Ersteren, während die Behandlung des nackten Körpers, das zarte Fettpolster unter der Haut, das sich strämmt und einzieht, ebenso wie die Formgebung der Gesichtsteile ganz die Schule Verrocchio's verraten. Jedenfalls ist hier florentinische Schulung, die nicht durch das Medium Perugino erst hindurchgegangen sein kann.

Gehört ihm dies Bild, das ihm die gewichtigsten Stimmen einmütig zusprechen, so bezeichnet es mehr als irgend ein anderes den engsten Anschluss an Verrocchio und tritt dadurch gleichsam aus der Reihe der übrigen Werke heraus. Das Ende der siebziger Jahre wäre als Gränze der Verbindung Pinturicchio's mit Fiorenzo di Lorenzo anzusehn; denn die Schulung im ausgesprochenen Sinne Verrocchio's ist ihm fremd geblieben. Darin eben unterscheidet er sich trotz langjähriger Gemeinschaft mit Perugino doch im Wesentlichen, darin liegt die Möglichkeit einer durchgehenden Verschiedenheit ihrer Entwicklung.

Den günstigsten Eindruck unter Fiorenzo's Leistungen vor 1480 gewähren ohne Frage die kleinen Episoden aus der Geschichte des hl. Bernardin [3]. Gerade in ihnen haben wir das zu suchen, was den künftigen Historienmaler Pinturicchio am meisten und nachhaltigsten bestimmen musste; denn diese Erzählungen stehen neben und gegenüber den Fresken Buonfigli's, die erst spät vollendet wurden, ziemlich allein in der damaligen Kunst Perugia's.

Die miniaturartig mit einem Rahmen gemalter Goldschmiedsarbeit mit Edelsteinen und Perlen eingefassten, in zartester Tempera ausgeführten Bildchen haben ein recht-

---

[1] Da die mühsame Stickerei mehrere, nach Vasari gar 26 Jahre dauert, so müssen nach Milanesi's Datum 1470 (Opp. III, 300) die Zeichnungen jedenfalls noch in die sechziger Jahre fallen.

[2] Nro. 129, vgl. Meyer und Bode, Beschreibendes Verzeichniss, 1878. S. 125.

[3] Geringer an Wert ist das Bildchen Nro 15 im Städel'schen Institut zu Frankfurt: Thronende Madonna mit dem stehenden Christkind, S. Sebastian r. und S. Christophorus l. auf gemustertem Goldgrund und mit getäfeltem Marmorfussboden.

eckiges, ziemlich stark überhöhtes Format. Die Figuren des Vordergrundes messen noch nicht ein Dritteil der Höhe und erscheinen trotzdem lang und gestreckt. Der Augenpunkt liegt nämlich in der Mitte der beiden unteren Drittel der Bildfläche, so dass oben ein unverhältnissmässig grosser Teil der leeren Luft oder der Staffage des Hintergrundes zufällt. So konnte mit der Darstellung der handelnden Menschen eine ausführliche Schilderung der Oertlichkeit verbunden werden; aber so lobenswert die richtige Proportion zwischen den Gestalten und dem umgebenden Raum, so bedenklich bleibt doch das Uebergewicht der Häuser, Höfe, Tempel, Felspartieen und sonstigen Requisiten. Die Schmalheit der Basis hat den Schein starken Ansteigens zur Folge und diese Abschüssigkeit der Bühne beeinträchtigt notwendig das sichere Auftreten der Personen. Aber die streng durchgeführte Perspektive kommt der Architektur wieder zu statten, und zeigt in ihrer Correktheit die gründliche Kenntniss des Meisters, der sie gezeichnet. Der Stil der besseren Baulichkeiten, besonders der unvollendete Palasthof bei der Geburt des Heiligen, die Façade mit den drei Tuchfenstern und kranzumrahmten Rundnischen mit Köpfen darin, wo S. Bernardin unter dem mittleren Tonnengewölbe erscheint, ferner ein einfaches Haus erinnern so bestimmt an jenes Architekturstück des Piero de' Franceschi im Istituto di Belle Arti delle Marche zu Urbino, wie an die Höfe des Schlosses daselbst und in Gubbio, dass sie auf diesen Meister der Perspektive zurückgeführt werden müssen; sie gehören einer bestimmten Geschmacksrichtung an, die von Luciano Laurana, dem Erbauer jener Paläste, bis auf Bramante zu verfolgen ist und in Piero von Borgo San Sepolcro, in Perugino und Raphael ihre Vertreter gefunden. Anderes mag dem Francesco di Giorgio näher stehen, dem dieser Stil nicht fremd war, und ein Blick auf die Madonna del Calcinajo zu Cortona lehrt Weiteres. Vielleicht ist Cecco's Beispiel in der Vorliebe für Bronzedecoration an Friesen und Consolen, Pilasterfüllungen und Capitälen zu erkennen, die hier und da sienesischen Localgeschmack verrät.

Nur ein oder zwei Mal ist ein Anlauf genommen auch die Composition der Scene selbst nach perspektivischen Grundsätzen zu regeln. Sonst werden einige feste Gestalten hingestellt, die das Gleichgewicht halten, und dazwischen wird lebhafte Bewegung entfaltet; hie und da auch ohne jede Gruppirung einfach erzählt. Die Schilderung der Scenerie macht sich auch so als Ausgangspunkt, als Liebhaberei des Künstlers bemerkbar. Schroff abfallende Höhen, zackige Felsenthore, hochaufgeschossene schlanke Bäume mit durchsichtiger Krone, Flusslandschaften mit Städten, Brücken und allerlei Genrefiguren darin erscheinen hier als Vorläufer zahlreicher Wiederholungen bei den Hauptmeistern Perugia's.

In den handelnden Personen zeigen sich die verschiedenartigsten Elemente neben einander. Auf Verrocchio und Pollajuolo wurde schon hingewiesen; doch haben Crowe und Cavalcaselle keineswegs falsch gesehen, wenn sie auf Aehnlichkeiten mit Matteo di Giovanni und Niccolò Alunno deuten. Der aus Borgo San Sepolcro stammende Schüler des Piero de' Franceschi ist freilich seiner Haupttätigkeit nach Sienese; aber damals war er seiner Heimat und damit Perugia noch nicht entfremdet, so dass es nicht als Wunder erscheint, wenn z. B. der lautschreiende Krieger bei der Errettung des Aufruhrstifters von Aquila, der von rückwärts gesehene Lockenkopf und andere Figuren bei der Scene mit dem Ochsen an Gestalten aus dem Kindermord in St. Agostino oder im Fussboden des Domes zu Siena von Matteo di Giovanni erinnern. Der Ueberfall neben dem Hause, wo Bernardin den Kranken heilt, hat auch in der Ausführung ganz den Charakter des Alunno; der dürre Langbein mit dem Dolche passt völlig zu den Wächtern bei der Auferstehung Christi von der Hand dieses Meisters in S. Niccolò zu Fuligno. Aehnlich, aber geringer, ist das Wunder im Klosterhof mit der schlecht gemalten Kuppel im Hintergrund. Selbst die Anklänge an einen Ferraresen, der im Pal. Schifanoja begegnet, sind unleugbar, wenn anders jene Predellenbildchen in der Pinakothek des Vaticans, die fälschlich Benozzo Gozzoli heissen, zu solcher Vergleichung herausfordern.

Genug, so wol begründet wir die Taufe dieses Cyklus auf den Namen Fiorenzo di Lorenzo finden, andrerseits muss ebenso betont werden, dass nicht allein verschiedene Grade der Sorgfalt und Durcharbeitung, sondern auch mehr als zwei verschiedene Hände darin erscheinen, selbst wenn man, wie wir, die eigene des Fiorenzo für recht variabel hält und Schwankungen zulässt, wie sie in einem Uebergangsstadium vorkommen mögen.

Bei Weitem das Beste trägt auch das unverkennbare Gepräge der Manier Fiorenzo's. Fein ausgeführte, zart belebte Gesichter, deren Ausdruck bei der Kleinheit des Massstabes die grösste Bewunderung verdient, werden durch die geschwollene Nasenspitze, das Faunsohr [1]), die üppige Lockenfülle, häufig gar durch abenteuerlichen Kopfputz entstellt. Die passendsten Gesten erhalten durch die kleine dicke Hand mit den seitwärts gekrümmten Fingern ein komisches Zöpfchen; denn diese Hände sehen aus wie eine Anzahl ausgesuchter Knollen des Knabenkrauts. Geschmeidige Haltung, anmutige Bewegung der Leiber erfreut unmittelbar neben eckigen, überladenen und ungeschickten Gestalten; hagere Schlankheit des Wuchses, feinknochige Gliedmassen sind allen gemeinsam. Mannichfaltig wie das Costüm ist auch die Faltengebung; er hat das pelzgefütterte Wamms mit den runden abstehenden Tollen, die steifen scharfgeränderten Lagen des Tuches, hie und da hart und im Reflexlicht glänzend wie Blech; aber auch das weiche Geschlängel der Schleier und feinen Gewebe, Gegensätze, die zum grösseren Teil auch Pinturicchio neben einander beibehält. Einzelne Erscheinungen möchte man der Hand dieses Schülers selbst zuweisen, wie die Nebenfiguren bei der Auferweckung des Todten, wo ein fliehendes Kind, ein Jüngling mit seinem Windspiel Lieblingsmotive weit späterer Jahre vorausnehmen.

Wenn Bernardino Pinturicchio, wie man nach Vasari annimmt, auch erst um 1454 geboren worden, so war er damals, als diese Malereien entstanden, doch bereits selbständig genug. Und in der Tat muss sein enger Anschluss an Fiorenzo di Lorenzo einer Entwicklungsphase seines Kunstvermögens angehören, welcher bereits die Aneignung anderer Schultradition vorangegangen; denn grade bei den ersten Beispielen seiner eigenen Tätigkeit, die uns erhalten sind, kommt man mit der Lehre Fiorenzo's allein nicht aus, sondern findet sie in Verbindung mit kräftig derben, strenger realistischen sowol wie altertümlicheren Gewohnheiten.

Das früheste Werk Pinturicchio's, das ich nachzuweisen vermag, ist eine Altartafel, die sich jetzt in Valencia befindet. Unter einem Rundbogen, den schmale halbvortretende Pilaster tragen, steht auf blumigem Wiesengrund die Jungfrau nach links gewendet. Ein Mantel umhüllt sie vom Kopf bis zu den Füssen, über der Brust durch eine Agraffe geschlossen, und öffnet sich nur vorn, für die linke Hand, welche ein aufgeschlagenes Buch dem Jesusknaben vorhält. Sie neigt das Haupt und blickt auf das Kind, dem sie die Rechte sanft auf die Schulter legt. Dieses steht links auf einem Schemel; die nackten Füsse sehen aus einer reichgestickten Tunica hervor, über die noch ein Mantel geworfen ist; mit der Hand führt es ein Stäbchen, die Schrift des Buches verfolgend, in dem es liest. Vor ihm zur Rechten kniet mit gefalteten Händen, andächtig zuhörend, der Stifter

----

[1]) Lermolieff, Die Werke ital. Meister in deutschen Galerien, Leipz. 1880, dessen Angriff auf Crowe und Cavalcaselle S. 301 wenig gerechtfertigt erscheint, giebt diese äusserlichen Angewohnheiten Fiorenzo's treffend an. Das faunartig zugespitzte Ohr hat aber auch jener Ferrarese.

in scharfem Profil mit einer kostbaren Mitra aus weissem goldgesticktem Atlas neben sich. Es ist Rodrigo Borja, der Cardinalnepot Calixt's III., den wir später als vornehmsten Gönner Pinturicchio's kennen lernen. Die Aehnlichkeit ist unverkennbar, und die Wappen am Schemel — Borja und Lenzuoli[1]) — bestätigen die Tradition wie die Herkunft des Bildes aus der Collegiata von Jâtiva, dem Geburtsort des nachmaligen Papstes Alexander VI. Die kräftig gebaute, mit realistischer Treue wiedergegebene Porträtfigur stellt offenbar einen Mann dar, der sich den fünfzigen nähert, und ermöglicht so das Bild zu datiren. Rodrigo Lenzuol-Borja ist 1431 geboren, durch Calix III. zum Aeditiven der Valentinischen Kirche und 1456 zum Cardinal erhoben worden, und scheint seiner Vaterstadt dies Geschenk übermittelt zu haben, nachdem er in den ersten Jahren der Regierung Sixtus' IV. als Legat in seine Heimat zurückgekommen war und überall mit höchsten Ehren empfangen einen pomphaften Triumphzug durch Spanien gehalten; vielleicht stiftete er dies Weihgeschenk in frommer Anwandlung zum Dank für seine Rettung aus dem furchtbaren Schiffbruch, den er an der Küste von Italien erlitt. Jedenfalls gehört das Bild in die siebziger Jahre des XV. Jahrhunderts. Gemusterter Goldgrund und ein grade herabhangender Teppich hinter der Madonna, breite mit Inschriften oder Ornament versehene Heiligenscheine, die unbekümmert um die Haltung des Kopfes dahintergestellt sind, der Anzug und die lehrhafte Aktion des kleinen Christus erhöhen den altertümlichen Charakter des Temperabildes. Es hat sehr gesättigte Farben (der blaue Mantel der Madonna) und kräftige Schatten. Oben in den Zwickeln des Bogens sieht man zwei echt pinturicchio'sche Cherubköpfe; am Boden zierlich ausgeführte Blumen und Gräser, gar ein Vögelchen.

Zeichnung und Formgebung schliesst sich noch den frühen Werken des Fiorenzo di Lorenzo an. Die nackten Teile des Kindes sind rund und fleischig, das Gesicht merkwürdig voll. Auch die Madonna hat noch nichts von der späteren Zartheit und Magerkeit, sondern rundliche Wangen und dicke Lippen, aber bereits vollständig die festen Formen, die grade Nase, scharfgeschnittenen Brauen, schmalen Augen, die runde Stirn und den eiförmigen Kopf. Die schweren Stoffe mit ihren goldgestickten Säumen haben den graden Fall und die festen Umrisse, die uns ebenso an den ersten Leistungen des Fiorenzo, wie noch in den spätesten des Pinturicchio hier und da begegnen. Die Gestalt des Stifters, besonders die Derbheit, die ungewöhnlich aufrichtige Naturtreue, die an diesem Kopf, den zusammengelegten Händen, selbst an denen der Maria hervortreten, erinnert so sehr an die Weise des Melozzo da Forlì in dem Porträt Sixtus' IV. und seiner Nepoten, die freilich viel vornehmer und grossartiger aufgefasst sind, dass man versucht wäre, an eine Berührung mit dem römischen Mitarbeiter dieses Meisters, Antoniasso, zu denken.

Dass dies Gemälde in Spanien aber wirklich von keinem Andern als Pinturicchio herrührt, beweist ausser der Verwandtschaft mit seinen bekannteren Arbeiten besonders die Zugehörigkeit zu einem Bilde im entlegenen San Severino. Es ist geradezu als Vorstufe zu diesem Altarwerk zu betrachten, das Crowe und Cavalcaselle wol mit Unrecht in zu nahe Beziehung zu der erst um 1498 entstandenen Tafel für Sta. Maria fra Fossi zu Perugia setzen[2]), während Lermolieff es, ohne unser spanisches Belegstück zu kennen[3]), als frühe Leistung Pinturicchio's bezeichnet. Alle Eigenschaften des

<hr/>

[1]) Links im bischöflichen Wappen der Stier der Borja, im runden Schildchen daneben die heraldischen Zeichen seiner väterlichen Familie, die auch im Appartamento Borgia vorkommen. Der Cardinal ist sehr brünett; man nannte Alexander dort Narabiret, was so viel heisst wie morenico, mordredet.

[2]) Engl. Ausg. III, p. 273, wo ein Holzschnitt beigegeben ist. Deutsche Ausg. IV, 286.

[3]) Herr Professor Justi teilt mir noch mit, dass sich in der Sakristei der Kirche von Jâtiva über dem Altar ein

Bildes in San Severino, welche über das in Valencia hinausgehen, sind Fortschritte in der Richtung des Fiorenzo di Lorenzo, Anmut, Lebendigkeit, sinnige Schönheit, aber auch Angewohnheiten der Zeichnung, die dieser im Lauf der siebziger Jahre ausgebildet. Hier sitzt die Jungfrau nach rechts gewendet, nicht ganz bis an die Füsse sichtbar, wiederum in den weiten Mantel mit reichgestickter Kante gehüllt, mit sanft geneigtem Haupt. Vor ihr im Schooss auf einem Kissen steht der Jesusknabe, in der beschriebenen Tunica mit Mantel darüber, in der Linken eine Weltkugel, und segnet den vor ihm knieenden Stifter, der in halber Figur ganz wie jenes Porträt des Rodrigo Borja angeordnet ist. Zu den Seiten Maria's erscheinen zwei Engel in verehrender Haltung; im Hintergrunde öffnet sich eine Landschaft mit zierlichen Bäumchen, einer Stadt zur Rechten und einer Felsenschlucht zur Linken, durch die ein Reiterzug passirt.

Schon diese Bäumchen, steilabfallenden Hügel und kleinen Figuren zeigen die poetischen Elemente, denen wir in Fiorenzo's Geschichten des hl. Bernardin begegneten. An ihn gemahnt der üppige Lockenschmuck der glattgescheitelten Engel und das krause Haar des Kindes, an ihn der weichere Faltenwurf und die abstehenden kleinen Finger an sämmtlichen freibewegten Händen. Die derbe Naturwahrheit des Porträts, dessen individuelle, bis in Zufälligkeiten des Haarwuchses und der Haut durchgeführte Darstellung nicht zurücksteht hinter dem Bildniss zu Valencia, zeugt am besten für die nahe Verwandtschaft beider Werke. Daneben die weiche Fülle der Formen bei den Idealgestalten, die nicht sehr gewählt, aber schon lieblicher erscheinen als die unseres früheren Bildes. Die ganze Erfindung ist freundlicher; aber die altertümliche Strenge, die ernste Grossheit des Vortrags hebt es merklich genug aus der Reihe der folgenden, heitergestimmten aber wenig realistischen Schöpfungen Pinturicchio's heraus. Endlich haben beide Tafelbilder die stumpfe Rauhheit der Temperafarbe gemein.

Nach diesen Arbeiten muss bei Pinturicchio noch ein entschiedenerer Anlauf zur Assimilation an Fiorenzo di Lorenzo erfolgt sein; denn von nun ab gewöhnt er sich ganz an den kleineren Massstab der Figuren, deren Gestalt sich durchgängig durch übermässige Schmalheit und Gestrecktheit kennzeichnet, werden seine Formen mager und feinknochig, wie bei jenem, seine Gewänder mit complizirterem Faltenwurf ausgestattet, ja nach bestimmten Beispielen des Lehrers arrangirt; die Bewegungen eckig, hastig, unschön, die Köpfe nach den rundlichen Typen, mit geschwollenen Augen und breiten Nasenflügeln zugestutzt. Auf diesem Wege befand er sich beim Eintritt der achtziger Jahre.

schönes Madonnenbild in altem Ebenholzrahmen befindet, welches vermuthlich auch von Pinturicchio ist, aber einen viel freieren Stil zeigt. Es ist eine sehr jugendliche Maria, etwas rundes volles Gesicht; das Kind wendet sich segnend dem kleinen Johannes zu; r. u. l. an den Seiten stehen zwei gleichaltrige liebliche Engel mit Fruchtkörben. Im Hintergrund eine reiche Landschaft, rechts ein Hügel mit Capelle, und zerstreute Sceenen der ersten Eremiten, Paulus und Antonius, die Versuchung, S. Hieronymus sich kasteiend. — Allen Anzeichen nach scheint mir dies Bild aus den letzten Jahren des Jahrhunderts zu stammen, und für den 1492 ernannten Cardinal Francisco Borja gemalt zu sein, der eine Capelle in der Collegiata erbaut hatte. Diese ist beim Neubau der Kirche abgerissen, doch ein Stein mit der Inschrift erhalten, die mir C. Justi abschrieb:

Franciscus de Borja episcopus teanensis
Alexandri VI. Pont. Max. Thesaurarius
Camerae apostolicae praesidens
hanc capellam suae domus monumentum
Mariae Virgini de febribus
quatuorque ecclesiae doctoribus
pie erexit dedicavitque.

II.

Aufenthalt in Rom unter Sixtus IV.
1482—1484.

Pinturicchio als Gehülfe Perugino's in der Cappella Sistina.

ntscheidende Wichtigkeit für Pinturicchio's künstlerische Entwicklung, wie für seine ganze spätere Laufbahn hat die Verbindung mit Pietro Perugino, welche Vasari offenbar in diesem Sinne zu Anfang seiner Lebensbeschreibung erwähnt: „Er arbeitete Vieles mit Pietro von Perugia zusammen und bekam dabei ein Drittteil des ganzen Gewinnes." Als Gehülfen dieses nur wenig älteren Meisters finden wir ihn zum ersten Mal in Rom, bei den Freskomalereien der Cappella Sistina. „Avendo ... lavorato in Roma al tempo di Papa Sisto, quando stava con Pietro Perugino," leitet Vasari das Verzeichniss seiner römischen Arbeiten ein, und kann mit den Werken des Perugino unter dem Pontifikat Sixtus' IV. nicht wol Anderes meinen, als die Wandgemälde der päpstlichen Capelle, zu deren Ausführung Pietro Vannucci mit den Hauptmeistern von Florenz in den letzten Monaten des Jahres 1482 berufen ward.

Der Freskenschmuck, den die Sistina damals durch diese Künstler empfing, ist in kürzerer Zeit entstanden, als man bisher annimmt. Allerdings wurde bereits gegen Ende 1481 darin gemalt; denn Raphael Maffei von Volterra schreibt in seinem Diarium, das Weihnachtsfest d. J. sei in der Aula Pontificia gefeiert, weil, wie er bereits mehrfach erwähnt habe, die grosse Capelle des Palastes noch nicht vollendet sei: „*Continuo enim emblemate et pictura ornatur*"[1]). Wahrscheinlich war man damals daran, die Decke mit einem System gemalter Architektur zu überziehen, in deren Centren gewiss Wappen, Namen und Inschriften des Papstes prangten, sowie die zugehörige Einteilung der grossen Wandflächen zu entwerfen, die Lünetten und Einrahmungen der Fenster, die Nischen dazwischen für die Papstbilder, die Pilaster, welche die breiten Rechteckfelder trennen, und die gemalten Vorhänge aus kunstvollem Gold- und Silberbrokat herzustellen. Die Deckendecoration hat ja Michelangelo's Schöpfungen Platz machen müssen; aber die

---

[1]) Muratori, Rer. It. Scr. XXIII, col. 159.

erhaltenen Teile an den Wänden entsprechen so sehr dem Stil des Melozzo da Forli, dass ich nicht anstehe, die Anordnung dieser Scheinarchitektur und ihrer Ornamente dem damaligen Hofmaler des Papstes zuzuschreiben. Die Florentiner können es nicht gewesen sein, denn noch am 5. October 1482 wurden sowol dem Domenico Ghirlandajo mit Sandro Botticelli zusammen, als dem Pietro Perugino mit einem unbekannten Biagio d'Antonio Tucci Aufträge für den Saal des Signorenpalastes in Florenz erteilt[1]). Nur Ghirlandajo hat sich damals an die Ausführung gemacht und das Mittelstück mit dem hl. Zenobius gemalt, der unterm 8. November als fertig erwähnt wird[2]). Botticelli und Perugino müssen sich nicht lange besonnen haben, dem Ruf des Papstes nach Rom zu folgen. Am 31. December wird Perugino's Auftrag widerrufen und an Filippino Lippi gegeben, obgleich dieser nicht anwesend ist.

Botticelli und Perugino können darnach bereits im October, mit ihnen Cosimo Rosselli, Ghirlandajo erst im November 1482 nach Rom gekommen sein; Signorelli wurde offenbar erst später zu Hülfe gerufen. Und doch ist die Capelle bereits am 15. August 1483 vollendet.

Am Allerheiligentage 1482 heisst es bei Raphael Volaterranus abermals: „*Commemoratio Defunctorum fit in Aula, qua pro Sacrario utuntur*"[3]): aber 1483 „am Feste der Himmelfahrt Mariae, das auf einen Samstag fiel, gieng der Papst in die neue grosse Capelle (des Palastes) und wohnte dort dem Gottesdienst bei, der als Hausandacht gehalten wurde. Von den Cardinälen war nur der von S. Giorgio, die Prälaten des Palastes dagegen alle und noch einzelne andere gegenwärtig. Das war die erste Feier, die nach der Vollendung der Capelle, und zwar nur von den an ihr angestellten Geistlichen vorgenommen wurde. Zur Erinnerung an diesen Tag verkündete der Papst Indulgenz für die Besucher, auch für Frauen. Diese Nachricht verbreitete sich mit wunderbarer Schnelligkeit in der Stadt und brachte die ganze Bürgerschaft in Bewegung. Bald konnte man vor der Menschenmenge nicht aus- noch eingehen, und der Zudrang hörte nicht auf, bis Mitternacht vorüber war."

„Am Bartholomäustage wurde dann das Krönungsfest des Papstes hier begangen, und dies war nach der Vollendung die erste Ceremonie, die hier feierlich in Gegenwart des Papstes und der Cardinäle stattfand. Die zur Himmelfahrt Mariae war eine ausserordentliche blos von der zugehörigen Geistlichkeit veranstaltete; nun wurde sie öffentlich abgehalten, und es fungirte der Cardinal von S. Pietro ad Vincula"[4]), Giuliano della Rovere.

Damit war die sixtinische Capelle dem regelmässigen Gottesdienst übergeben, die Malereien mussten also vor dem 15. August 1483 vollendet sein[5]). Dafür sprechen auch die sonstigen Nachrichten, die wir von Ghirlandajo, von Signorelli und besonders von Pietro Vannucci selbst haben, welcher im Herbst d. J. schon wieder in Perugia war und unterm 28. November eine grössere Bestellung für die Cappella de' Priori im Stadthaus annahm[6]).

Bei einem so kurzen Zeitraum für die Entstehung ausgedehnter Wandgemälde wie diese, wundern wir uns nicht, wenn neben den Hauptmeistern, unter deren Namen wir

---

[1]) Gaye, Carteggio I, p. 578 f.

[2]) Die 1482 datirte Verkündigung in S. Gimignano ist wol aus der ersten Hälfte des Jahres.

[3]) a. a. O. col. 181.

[4]) a. a. O. col. 188.

[5]) Darnach müssen die chronologischen Combinationen bei Crowe & Cavalcaselle (d. A. IV. 192), welche 1486 als Termin annehmen, abgeändert werden.

[6]) Mariotti, Lett. perug. 146—148.

die einzelnen Darstellungen begreifen, neben Botticelli, Perugino, Rosselli, Ghirlandajo und Signorelli, auch eine Reihe von Gehülfen und Schülern genannt wird.

Pietro Perugino hat allein sechs Historien fertig gebracht, am meisten von allen: die Himmelfahrt Mariae mit dem knieenden Papst zu ihren Füssen, als Altarstück, daneben die Findung Mosis **und die Geburt Christi, an** den Seitenwänden zunächst das Gesetz der Beschneidung am Sohn Mosis und gegenüber die Taufe am Sohn Gottes vollzogen; endlich an der rechten Wand noch die Einsetzung des Schlüsselamts.

Als Gehülfen sollen dem Meister hierbei ausser Bernardino Pinturicchio noch Don Bartolommeo della Gatta aus Arezzo und der Florentiner Rocco Zoppo zur Seite gestanden haben. Der Abt von San Clemente zu Arezzo, dessen Hand Crowe und Cavalcaselle mit Bestimmtheit herauserkennen wollen, ist freilich von Milanesi beinahe ganz aus der Kunstgeschichte eliminirt worden. Rocco Zoppo's Anteil wird von Vasari auf einige Porträts der Familie Riario beschränkt, welche sich wahrscheinlich dem Altarbilde zunächst auf der Findung Mosis oder der Geburt Christi befanden [1]. Dagegen erwächst der kunsthistorischen Kritik unabweisbar die Pflicht zu versuchen, in wie weit sich die Mitwirkung des Bernardino Pinturicchio constatiren lässt.

Diese Aufgabe ist keine leichte, wenn wir bedenken, dass bei der beiläufigen Art der Angaben Vasari's die Möglichkeit nicht ausgeschlossen bleibt, dass noch andere Kräfte aus der Schule von Perugia, wie etwa der vielvergessene Fiorenzo di Lorenzo, mit herangezogen worden. Die Schwierigkeit mehrt sich durch den Umstand, dass die drei Fresken des Perugino an der Altarwand verloren sind, da Paul III., um Michelangelo's Jüngstem Gericht Platz zu schaffen, sie herunterzuschlagen befahl. Ohne Zweifel waren gerade sie die frühesten Arbeiten, die der Meister hier ausgeführt, und werden sich an so bevorzugter Stelle durch besondere Sorgfalt ausgezeichnet haben. Sie hätten uns die authentischen Merkmale der eigenen Hand und Kunst Perugino's am reinsten dargeboten, während wir jetzt darauf angewiesen sind mit den drei späteren Fresken auszukommen. Die beiden folgenden haben ausserdem in der Nähe des Altars vom Weihrauch gelitten; nur das letzte, die Verleihung der Schlüssel an Petrus, strahlt noch in lichten Farben und frischer Schönheit, obgleich auch hier einzelne Köpfe durch Risse in der Mauer gefährdet und entstellt sind.

Die Schlüsselübergabe erweist sich, vielleicht bis auf die Gewandung weniger Gestalten und sonstige Nebendinge, durchgehends als einheitliche Arbeit des Perugino selbst. Aber man erkennt auch ohne Schwierigkeit einen besonders glücklichen Aufschwung der Künstlerphantasie, gewiss ebenso sehr veranlasst durch das Bewusstsein den Moment darzustellen, der für den Papst selber der wichtigste sein musste, als durch den Wetteifer mit den andern Künstlern, die dort arbeiteten. Perugino hat hier in der Auffassung seiner Aufgabe, in der weihevollen Verklärung des Vorganges und seiner Teilnehmer, in der Schönheit der biblischen Gestalten, wie in der grossartigen Kraft der Bildnisse nicht blos alle Genossen, sondern auch seine eigenen Leistungen in der Capelle übertroffen.

Perugino's Kunst der Composition, die aus Principien der Perspektive erwachsen ist, tritt uns hier in unbeirrter Klarheit entgegen, während er sich in der Taufe Christi und der Reise Mosis noch durch die florentinische Vorliebe für Figurenreichtum beeinflussen liess. Soweit die Aufgabe dies irgend zuliess, sind indess auch in diesen Darstellungen künstlerische Regeln befolgt, welche unter allen Mitarbeitern eben nur dem Schüler des

---

[1] Jedenfalls finden sich die sonst bekannten Porträtzüge des Girolamo Riario und seiner Gemalin Caterina Sforza, des Cardinals Raffaello Riario u. s. w. nicht auf den erhaltenen Fresken Perugino's.

Verrocchio vertraut waren. Die ursprüngliche Composition beider als Parallele des alten und neuen Bundes gedachter Scenen ist somit unzweifelhaftes Eigentum des Perugino. Hier kann noch nicht der Gehülfe Pinturicchio in Frage kommen, der in Sinn und Wesen dieser radialen Anordnung um einen festen, innerlich bedeutsamen Mittelpunkt nicht eingeweiht war. Es kann sich nur um die malerische Ausführung handeln und um einen hierbei geschehenen Zuwachs an Porträtfiguren, die als Zeugen der biblischen Vorgänge zudringlich genug herbeigeströmt. Darin nun treten mancherlei Verschiedenheiten bestimmt hervor.

Am umfangreichsten ist die Mitwirkung des Gehülfen in der Taufe Christi. Die Hauptgruppe freilich gehört, wie man unbedingt erwarten muss, dem Meister Perugino selbst ganz und gar. Man hat mit ihr seine Federzeichnung zu einer Taufe Christi in Verbindung gebracht, die „als Studie zu einem seiner früheren Bilder gemacht" hier mit Veränderungen benutzt sei [1]. Diese Zeichnung, die sich in Frankfurt befindet, hat jedoch mit unserem Fresko gar nichts zu tun. Sie ist vielmehr gut zwanzig Jahre später entstanden, und zwar zu einem Bilde für die Kirche St. Agostino zu Perugia, jetzt in der städtischen Galerie, welches im Jahre 1502 bei Perugino bestellt, aber erst bei weitem später, wie Crowe und Cavalcaselle dartun, in den Jahren 1512—1517 ausgeführt wurde, ja noch beim Tode des Meisters 1524 nicht ganz vollendet war [2]).

Die Stellung der beiden Figuren zu einander, Haltung und Ausdruck der Köpfe u. a. m. sind im Fresko weit schöner, natürlicher, und vor Allem nicht so theatralisch als auf der späteren Zeichnung. Die Vorzüge der Arbeit aus der besten Zeit des Quattrocento sind schlagend: hier richtet der Täufer, ganz mit dem Heiland beschäftigt, seinen Blick einzig auf ihn; im Frankfurter Blatt schaut er himmelnd empor und streckt den Arm mit der Schale voll Ostentation aus. Das ist ganz im Sinne der Steigerung ins Hohlpathetische, welche Perugino's letzte Periode charakterisirt. Neben so übertriebenem Ausdruck wundert man sich nicht mehr über die gemachte Pose. Die Zeichnung aber ist ebenso nachlässig und manierirt, als die Erfindung leer. Im Vergleich mit dem Fresko (nach dessen Vorbild noch am Ende der neunziger Jahre das Original der schönen Taufe, deren Copie in Wien ist, entstanden sein dürfte) erscheint die Stellung der Figuren unsicher, die Formgebung conventionell, bei Christus unschön, bei Johannes besonders in den Beinen überzierlich, ganz so wie in fast allen Arbeiten, welche nach seiner Rückkehr von Florenz, jenseits der Scheide beider Jahrhunderte aus dem Atelier zu Perugia hervorgiengen. Ein äusserliches, aber um so zuverlässigeres Kennzeichen der weit späteren Entstehung des Frankfurter Blattes ist endlich die Faltengebung in den Gewändern. Die künstlich arrangirten Querfalten mit dem glatten Wulst in der Mitte und den tiefen, wie mit Nadeln gesteckten Augen an den Enden, von wo sie gabelnd auslaufen, werden in dieser regelmässigen, kleinlichen Manier erst um 1500 im Atelier Perugino's Mode. Während der neunziger Jahre können wir ihr Auftreten und ihre Ausbildung verfolgen, zunächst nur bei zarten Stoffen; auf dem Altarstück für die Certosa von Pavia, das jedenfalls erst 1498 gemalt ist, schon auffallender. Ganz vorherrschend wird dies Gefälte in den Malereien

---

[1]) Lermolieff, a. a. O. p. 308 Anm. Die dort citirte Zeichnung im Louvre, Braun 297, ist auch eine Taufe Christi, aber nicht die beschriebene: es ist eine Predellencomposition mit vielen Zuschauern; Johannes hat keinen Mantel, sondern einen Kittel von Fell angetan; das Ganze kennzeichnet sich als spätes Schulproduct nach Perugino's Carton zu unserem Fresko und anderen Vorbildern. Die Manier entspricht einem auch von Pinturicchio beeinflussten Perusier des XVI. Jahrhunderts. Lermolieff meint offenbar, seiner Beschreibung nach, eine Zeichnung, die er auch im XVI. Bde. der Zeitschr. f. bild. Kunst p. 245 abbilden lassen und irrtümlich als im Louvre befindlich angiebt. Sie gehört dem Städel'schen Institut in Frankfurt a. M., und sie ist es, auf die wir Bezug nehmen. Photogr. v. Noehring 612.

[2]) Photogr. v. Alinari 8332. Crowe und Cav. IV, p. 254, nach Documenten bei Mariotti, p. 165. 177. 182.

des Cambio, 1499—1500, in der Glorie der Maria zu Florenz in der Akademie (1500), im Sposalizio zu Caen (1501), und in der Auferstehung Christi, die sich jetzt im Vatican befindet. Auch Raphael musste, da er als Ateliergehülfe beim Perugino eintrat, eine kurze Zeit lang diese Manier mitmachen. Das beweisen die Gewandstudien am Ende seines Skizzenbuches zu Venedig, sowie die Zeichnung zu den Madonnen Connestabile und Terranuova im Berliner Kupferstichcabinet und die Skizze für Pinturicchio's viertes Fresko der Dombibliothek zu Siena beim Herzog von Devonshire.

Es scheint, als habe beim Eintritt des Cinquecento im Atelier zu Perugia ein bestimmter Gehülfe sich besonders der Ausbildung dieses Faltenarrangements gewidmet [1]. Er aber muss von Bernardino Pinturicchio hergekommen sein; denn er verbindet diese Schnörkelei mit einer anderen Eigentümlichkeit, die uns auf den Schüler des Fiorenzo di Lorenzo zurückführt.

Die Gewänder umgeben nicht mehr frei und natürlich den Körper, sondern werden hier und da eng um die Gliedmassen gelegt, so dass sie wie angeklebt aussehen, oft gar stramm mitsammt den Falten, unter den Schenkel der Sitzenden gesteckt oder sonst befestigt. Hiermit hängt wieder die Vorliebe für dünne, vom Luftzug lebhaft bewegte Kleider zusammen: der Wind presst sie gegen den Leib, so dass die Körperformen durchscheinen, und bauscht die Tücher wie Segel auf, oder kräuselt die flatternden Enden. Beides begegnet uns häufig schon in frühen Arbeiten des Pinturicchio z. B. an den musicirenden Engeln der Cappella Bufalini zu Sta. Maria in Aracoeli, auf die im Voraus zur Vergleichung hingewiesen werden mag; ebenso auch hier in der Predigt Johannes des Täufers links und anderen Figuren des Mittelgrundes auf unserem Fresko [2]).

Nach Allem erscheint Pinturicchio als der eigentliche Vertreter dieses speziellen Geschmacks in der Malerschule von Perugia, besonders um diese Zeit, als die Fresken der Sistina entstanden, und wir hätten somit eine Reihe von unterscheidenden Merkmalen für seinen Anteil gewonnen, deren Beweiskraft um so stärker ist, als Pietro Perugino grade damals von dem Umgang mit Andrea del Verrocchio die Neigung für den grossartigen Faltenwurf schwerer Doppelstoffe mitbrachte, der eben beschriebenen kleinlichen Manier jedoch ganz fremd war [3]).

Grade deshalb erkennen wir an Johannes dem Täufer die Arbeit Perugino's, der auch die nackte Gestalt Christi gewiss nicht seinem Gehülfen anvertraut hätte. Ebenso gehören ihm selbst einige Porträts zur Linken, wie z. B. in der Mittelgruppe der würdige Herr vorn mit dem jungen Begleiter, der zu ihm herumblickt und auf die Hauptscene hinweist. Der Letztere stimmt in der Auffassung genau mit dem schönen Jünglingsbildniss überein, das im schmalen Zimmer der Tribuna in den Uffizien hängt [4]).

Den Stilcharakter Fiorenzo's dagegen verraten noch deutlich die knieenden Engel dicht hinter Christus und ihre fliegenden Genossen droben, wie der Cherubkranz, der Gottvater umgiebt. Unverkennbares Eigentum Pinturicchio's sind „die nackten lang-

---

[1]) Die heftigen Bewegungen, schmächtigen Körper und flatternden Musselingewänder in den Deckenbildern des Cambio verraten den nämlichen Geist. Sicher nicht dem Perugino, sondern der Schulrichtung Fiorenzo-Pinturicchio gehört die Federzeichnung mit zwei auf Wolken stehenden Engeln, die einen schweren Gegenstand (eine Krone?) heraufzuziehen scheinen — in den Uffizien zu Florenz (Braun, Perugia 530).

[2]) Auch bei Fiorenzo di Lorenzo zeigen sich diese Erscheinungen; vielleicht sind die allegorischen Frauengestalten des Agostino d'Antonio in Duccio an S. Bernardino zu Perugia vom 1464 das nächstliegende Beispiel, das hier eingewirkt hat. Jedenfalls ist die Gewandbehandlung dieser Art bei Botticelli und Pier di Cosimo eine andere, und ihr scheint Signorelli mit seinen kronenden und blumenstreuenden Engeln zu Orvieto sich anzuschliessen.

[3]) Vgl. die Gruppe Thomas und Christus an Ornanmichele zu Florenz, aus den Jahren 1478—1483 (Brogi 3129) und die Madonna in Sta. Nuova (Alinari 6182).

[4]) Nro. 1205. Brogi 6176. Vgl. übrigens m. Bemerkgn. in den Preuss. Jahrb. Januarheft 1881.

beinigen Jünglingsgestalten" im Mittelgrunde [1]), die beiden Predigtscenen mit den Volks-
massen auf den Seiten, wo wir bereits Statistenfiguren antreffen, die fernerhin in seinen
eigenen Malereien bis hinein in den späten wolbekannten Freskencyklus zu Siena stereotyp
wiederholt werden [2]). Aber auch die zwei alten bärtigen Köpfe an der äussersten Rechten
gebühren ihm, wie die tüchtigen Bildnisse in ihrer Nähe.

Auf dem gegenüberstehenden Fresko, das die Reise Mosis nach Aegypten, die Erscheinung eines Engels, der ihm mit dem Schwert in den Weg tritt, und die Beschneidung seines Söhnchens durch Zipora darstellt (2. Mos. 4, 20—26), beschränkt sich der
Anteil Pinturicchio's im Vordergrunde fast ganz auf Gewänder. Die Krugträgerin links
mag als besonders charakteristische Arbeit seiner Hand angesehen werden, nebst einigen
Köpfen, die zwischen den Hauptpersonen eingestreut sind, wie zwischen Perugino's trefflichen Porträts in der Gruppe rechts, die fast ausschliesslich vom Meister selbst herrühren.
Die Scenen im Mittelgrunde dagegen mit dem beladenen Dromedar, die tanzenden Hirten
auf der Berghalde links sind ebenso sicher Pinturicchio's Eigentum, wie die grossen
Bäume, die hier zum ersten Mal frisch nach der Natur kopirt worden, während zahl-
reiche spätere Wiederholungen die Spuren der Abnutzung tragen, wie vielgebrauchte
Coulissenstücke [3]).

Sonst aber haben wir weder Veranlassung noch Recht dazu, die Erfindung der
Landschaften hüben und drüben dem Pietro Perugino abzusprechen, noch weniger die
trefflich modellirten Kinder, besonders nicht das einzig lebendige Söhnchen Mosis bei
der unangenehmen Procedur und den mitleidig zuschauenden Gefährten. Den Engel
vollends, dessen schöner Kopf, dessen kraftvolle Bewegung die gleiche Bewunderung
verdienen, die wir den besten Gestalten der Schlüsselübergabe zollen, wird gewiss Niemand ernstlich dem Meister Perugino streitig machen. Er ist es hauptsächlich, um
dessentwillen das Fresko so lange als Werk Signorelli's gelten konnte, und weist uns
dadurch eben auf die Einsetzung des Schlüsselamtes zurück, in der wol Anklänge an
Signorelli vorkommen, wie jener zweite Jünger in der Reihe dicht hinter Christus, nicht
aber irgendwelche Mitwirkung des Pinturicchio auffällt, ja selbst die kleinen Figuren
des Mittelgrundes durch besseres Verständniss der Körperformen und Gelenke ausgezeichnet sind.

Die Fresken der Cappella Bufalini in Sta. Maria in Aracoeli.

Nach der Vollendung der Sistinischen Capelle, als sich die übrigen Künstler wieder
zerstreuten, beginnt Pinturicchio's selbständige Tätigkeit in Rom. Noch unter
dem Pontifikat Sixtus' IV. soll, laut Vasari, die Beziehung zum Cardinal Domenico
della Rovere angeknüpft sein, der sich (jedenfalls erst nach seiner Erhebung 1478) im
Borgo Vecchio einen Palast baute, das jetzige Convento de' Frati Penitenzieri an Piazza
Scossacavalli dem Palazzo Giraud-Torlonia von Bramante gegenüber. Vielleicht war das
von zwei Putten gehaltene Wappen der Rovere, das Pinturicchio an der Façade dieses

---

[1]) Vgl. z. B. Stellung und Fingerhaltung mit denen auf Fiorenzo's Erscheinung des hl. Bernardin in Perugia
(Alinari 7233).

[2]) Beispielsweise jener emporblickende Jüngling im Turban, rechts bei der Predigt Christi; links die vom Rücken
gesehenen Zuhörer des Johannes.

[3]) Z. B. in Aracoeli, in Sta. M. del Popolo, in Spello, in der Taufcapelle und der Libreria zu Siena.

Palastes malte, so früh entstanden; die noch erhaltenen Malereien im Innern dagegen, soweit sie überhaupt aus Domenico's Zeit stammen, gehören ihrem Stil nach in die letzten Jahre Innocenz des Achten.

Die erste grössere Unternehmung, welche uns den Meister in freier Selbständigkeit kennen lehrt, ist der Freskenschmuck der Capella Bufalini zu Sta. Maria in Aracoeli. Die Capelle befindet sich gleich rechts neben dem Eingang von der Haupttreppe und wurde von der Familie Bufalini aus Città di Castello dem Andenken des hl. Bernardinus geweiht, der einen heftigen Zwist zwischen diesem Hause, den Baglioni und den del Monte glücklich beigelegt hatte. Crowe und Cavalcaselle sind geneigt, die Entstehung der Wandmalereien von Pinturicchio erst gegen 1496 anzusetzen (IV, 280 ff.); indessen die gesammte Decoration widerspricht diesem Datum und weist uns mindestens um zehn Jahre weiter zurück. Die Wölbung des Bogens, durch den man eintritt, ist in grosse Cassetten geteilt, mit derben Rosoni darin; an den Pfeilern hangen schwere in je vier Bündel abgebundene Fruchtguirlanden; ebenso an der Innenseite dieses Eingangs. Die Rippen des Kreuzgewölbes sind mit einer Flechte aus zwei breiten Bändern geschmückt, die sphärischen Dreieckfelder mit architektonischen Gliedern eingefasst. Auf dem Himmelsgrunde darin thronen die vier Evangelisten, die auf breiten Wolkenstreifen in einer Mandorla sitzen. Die Füllungen der Pilaster in den Ecken legen noch das Motiv eines aufsteigenden, durch Putten, Tiere und Rankenwerk belebten Candelabers zu Grunde; an den Friesen erblicken wir nur paarweis gekreuzte Füllhörner und Köpfe mit vegetabilischem Haar und Bart. An den unten hinlaufenden Brüstungsgliedern der Seitenwände sind in der Mitte zwei Putten mit dem Sonnenzeichen des Bernardin in einem Kranze angebracht, rechts und links vom Altar zwei kleine, als Reliefs behandelte Darstellungen. — Alles in Chiaroscuro; keine Spur der beim Beginn der neunziger Jahre eindringenden Stuccozierraten und Grotteskenornamente.

Die Wand zur Rechten des Eintretenden ist durch das Fenster und aufgemalte Architekturstücke für zwei stark überhöhte Darstellungen zu den Seiten des Fensters und eine dritte unter ihm eingeteilt. Rechts erkennen wir die Stigmatisation des hl. Franciscus, der am Fuss eines Felsen, auf dessen starkvorspringender Platte ein Kloster gebaut ist, knicend die Arme ausbreitet und begeistert zu der wunderbaren Erscheinung des Kreuzes emporschaut, während sein Genosse, etwas weiter links, als teilnahmloser Zeuge der eindringlichen Vision dasitzt. Oben über dem abschliessenden Gebälk erhebt sich ein fensterartiger Aufbau, in welchem ein Pfau sitzt. Der Stigmatisation entsprechend haben wir wol links die Einkleidung des hl. Franciscus zu verstehen, nicht die des hl. Bernardin, wie man bisher erklärt hat. Der junge Büsser kniet betend, nur mit einem Hüftschurz bekleidet, im Begriff, das Ordenskleid zu empfangen, das ihm ein Bruder reicht, während hinter diesem ein Zug von Mönchen sich dem Altar nähert, der unter einer hohen Aedicola zur Linken angebracht ist. Auf dem vorderen Pfeiler dieses Tabernakels steht ein Putto mit einer Streitaxt auf der Schulter und einem Schild, der das redende Wappen der Bufalini, einen Stierkopf enthält. Rechts oben über baufälligem Mauerwerk erscheint die Halbfigur der Madonna in einer Glorie, während durch die Fensteröffnung über dem Architrav der segnende Gottvater im Cherubkranze hereinschaut. Das Mittelstück, unter dem Fenster, ist eingerahmt wie ein Kamin: wir erblicken fünf Personen in halber Figur, die in die Capelle hineinschauen, indem sie einem älteren Mönche zuhören, der ihnen augenscheinlich die Geschichte des hl. Bernardin auseinandersetzt. Alle sind offenbar porträtmässig behandelt; ein feister Ordensbruder blickt mehr erstaunt als ergriffen darein, ein Greis mit Turban zur Linken und ein Jüngling mit roter Kappe rechts lauschen eifriger, während zwischen dem Greise und dem Erzähler noch ein bartloser Mann in schwarzer Amtstracht erscheint, der nur sein Gesicht hinhält, um conterfeit zu werden.

Erst an der Vollmauer zur Linken beginnt die Geschichte des hl. Bernardin, den wir oben in der Lünette als blonden Knaben dargestellt sehen, wie er in ein zottiges Fell gehüllt emsig lesend waldeinwärts schreitet. Die Scene spielt in der Einöde bei Aquila, wohin er sich zu andächtiger Uebung zurückgezogen. Bewohner des Ortes sind herausgekommen, haben sich vor der Zufluchtsstätte versammelt und schauen dem frommen Treiben des Knaben zu. Ein Jüngling besonders macht den Greis neben ihm auf den jungen Büsser aufmerksam, während andere daneben sich gleichgültig unterhalten.

Auf der rechtwinkligen Fläche zwischen den Pilastern öffnet sich ein freier Platz mit einer Loggia links, einem Tempel im Hintergrunde und einem Palastbau zur Rechten, zwischen denen verschiedene Scenen vorgehen, welche einzeln auch in jenem Bildercyklus von Fiorenzo di Lorenzo (1473) zu Perugia vertreten sind. Im Hintergrunde geschehen Wunder des Heiligen; während Engel in einer Mandorla die Seele gen Himmel tragen, steht vorn die Bahre mit dem Todten, betrauert von den Mönchen seines Ordens. Hülfebedürftige Kranke nahen, noch von der sterblichen Hülle Heilung erwartend, Arme und Elende beweinen ihn. Zu den Seiten stehen als ruhige Zuschauer je zwei Porträtfiguren, links in pelzverbrämtem Goldbrokat und rotem Käppchen, der Amtstracht als Avvocato consistoriale, wol der Stifter Lodovico Bufalini, dem ein Page das Schwert voranträgt; rechts möchten wir neben dem Sohn des Stifters noch einen Verwandten, den Kammerkleriker V. Bufalini erkennen, der die päpstlichen Schenkungsbriefe an Pinturicchio mit unterzeichnet hat [1]).

Die Altarwand endlich ist der Glorie des hl. Bernardin gewidmet. Im Vordergrunde auf einer Erdschwelle steht er mit erhobener Rechten, in der Linken ein offenes Buch mit den Worten PATER MANIFESTAVI NOME TVV OMINIBVS, während zwei Engel eine Krone über sein Haupt halten; zur Seite links der hl. Bischof Ludwig von Toulouse, rechts der hl. Antonius von Padua mit der Flamme auf der Hand, als Zeichen seiner Liebe zu Gott. Links erhebt sich eine Felspartie, auf deren engen Pfaden jene heftige Scene geschieht, die der hl. Bernardin durch sein Friedensgebot unterbricht. Bewaffnete zweier Parteien dringen heran, der Heilige tritt unter sie mit erhobenem Crucifix, während ein Opfer des Streites bereits blutend am Boden liegt und noch andere Reisige herannahen, die durch den Stierkopf auf dem Schild eines Knechtes als Bufalini gekennzeichnet sind. Sonst umschliesst eine Landschaft mit anmutiger Fernsicht, mit Palme und Cypresse die drei symmetrisch angeordneten Hauptfiguren. Oben steht auf Wolken von einer Mandorla mit Cherubköpfen umgeben der segnende Erlöser, der seine Wundmale zeigt; neben ihm schweben zwei anbetende Engel, während weiter unten vier andere auf Wolken stehend musiciren.

Der Stil, welchen diese Malereien zeigen, bestätigt durchgehends, dass sie als erste selbständige Arbeit Pinturicchio's nach seiner Beschäftigung bei Perugino's Fresken in der Sistina zu betrachten sind. Es sind Gestalten wie im Mittelgrunde der Taufe Christi und der Reise Mosis, fast alle, mit Ausnahme einiger Porträts, gedacht wie jene, nur in etwas grösserem Massstab gegeben. Crowe und Cavalcaselle heben den Reckt hervor, dass sich hier Pinturicchio's Empfänglichkeit für den Einfluss anderer gleichzeitiger Meister besonders augenfällig bekunde; grade dies aber charakterisirt den Beginn der eigenen Unternehmungen; er zieht gewissenhaft zu Rate, was er bei seinem Meister

---

[1]) Vgl. Vermiglioli, Appendice Nro. III. Dotation Alexanders VI. von 1495. Der Stifter Lodovico starb 1506.

Fiorenzo und seinem Prinzipal Pietro Perugino gelernt hat. Die Gesichter erinnern durchweg an diese Vorbilder; manche Figuren, speziell die Frauen und turbangeschmückten Greise kommen direct aus der Sistina; die Bildnisse stehen seinen eigenen Leistungen in der Taufe Christi ganz nahe. An Fiorenzo di Lorenzo mahnen die kleinen Scenen im Hintergrunde der Bestattung, ferner der knieende Franciscus, der das Mönchskleid empfängt, und die nackten Teile des segnenden Christus. Vielfach tritt die oben etwas zugespitzte Form des Ohres, die Hand mit dem abstehenden kleinen Finger, z. B. bei den Zuschauern der Bestattung rechts, die gekrümmte grosse Zehe, z. B. an den fliegenden Engeln neben anderen Wahrzeichen dieses Meisters hervor [1]. Die Glorie Christi ist eine nach perusischen Prinzipien umgebildete Reminiscenz an die Himmelfahrt von Melozzo da Forli: die musicirenden Engel haben freilich, wie Crowe und Cavalcaselle meinen, auch mit denen Signorelli's Gemeinsames, mehr noch mit denen in der Sakristei zu Loreto als mit den viel späteren Orvietanischen; beide gehen aber auf die gleiche Quelle Melozzo zurück, am bestimmtesten der Lautenspieler zu äusserst rechts [2].

Jemehr diese Abhängigkeit der Sorgfalt bei Erstlingsarbeiten entspricht, desto wichtiger sind sie für die Beurteilung seines persönlichen Kunstvermögens. Hier kann noch von keiner ausgiebigen Beihülfe untergeordneter Hände die Rede sein, denen Ungleichmässigkeiten der Ausführung zur Last fallen möchten. Ungleichartig ist aber die Arbeit in auffallendem Grade, nicht nur in Aeusserlichkeiten, sondern im Kern und Wesen selbst. Zu den ersteren mag noch die Behandlung der Gewänder zählen, die bald schwer und bauschig, bald leicht und feinfaltig, weich und gekräuselt herumflattert. In dem Mantel Christi haben wir die gesteckten Parallelwulste mit gabelnden Enden, an dem Engel mit Triangel das straff um die Beine gezogene Kleid mit dreieckig gelegter Querfalte darüber, wie bei der Krugträgerin in der Reise Mosis, an den Engeln links die schmalen Reihen im weichen Stoffe, der schlängelnd oder im Zickzack herabwallt, aber künstlich auseinander gebreitet und plattgedrückt scheint. Bedenklicher ist es, wenn solche Verschiedenheiten auch in der Behandlung der Figuren selbst wahrgenommen werden. Einige Mönche bei der Bestattung, in der Gruppe zu Füssen der Leiche, wie der Weinende, der sich mit dem Aermel die Thränen abwischt, ebenso die ganz bildnissmässigen Ordensbrüder unter dem Fenster, nicht minder die Gestalt des hl. Antonius von Padua sind von überraschender Naturwahrheit; Beispiele naiver und liebenswürdiger Beobachtung finden sich auch unter den Weibern und in einzelnen jugendlichen Köpfen; die Porträts sind gewiss recht tüchtig gewesen. Die vier Evangelisten zeichnen sich vorteilhaft vor sonstigen Producten dieser Art aus und sind mit gleicher Sorgfalt behandelt, wie die Wandgemälde; besonders anziehend ist der jugendliche Matthäus, der begeistert nach oben blickt, indem er zugleich die Feder in das vom nebe ihm knieenden Engel dargebotene Tintenfass taucht, und S. Lucas, dessen untere Hälfte zerstört ist. Dagegen verletzt die Unlebendigkeit anderer Beteiligten, langbeinige dürre Gesellen, eckige Bewegungen und Mangel an Körper unter der steifleinenen Kleidung, überzierliche Pagen, magere schlechtgestellte Kinder, ein matter, schwächlicher Heiland der Welt und conventionelle Schutzpatrone. Die Energie des Meisters reicht offenbar nicht aus, alle Teile seiner Schöpfung einheitlich zu beseelen,

---

[1] Vgl. Lermolieff a. a. O. p. 301, der die Fresken kurz nach 1483 ansetzt, ohne dies weiter zu motiviren, sie aber vor den Fresken der Sistina entstanden glaubt.

[2] Zu dem anbetenden Engel darüber ist eine leider sehr abgeriebene Zeichnung in der Uffiziensammlung unter dem Namen Filippino Lippi (Philpot 5218) erhalten. Was in der Glorie an Aluntno erinnern soll, ausser der Farbenstimmung, weiss ich nicht.

mit gleichmässiger Wärme durchzubilden und alle Einzelheiten durch die geistige Beziehung zum Hauptpunkt zusammen zu halten. Wenn eine Reihe von Geschöpfen seines Pinsels liebevoll ausgestattet ist, sinken andere, und nicht immer gleichgültige Zwischenglieder, zu oberflächlichen schnellfertigen Fabrikaten herab.

Zu frühes Erschlaffen der Concentration macht ihn unfähig seiner Aufgabe in vollem Mass gerecht zu werden. Er hat keinen ausgesprochenen Sinn für eine innerlich motivirte, architektonisch feste oder malerisch wirksame Composition. Die Gruppenbildung in den historischen Bildern links kann nicht befriedigen, oder zeigt wenigstens wie wenig er als Gehülfe Perugino's in dieser Beziehung von dem Meister eingeweiht war; die Anordnung an der Altarwand ist rein decorativ symmetrisch, wie der Gegenstand sie freilich an die Hand gab. Die Ausübung perspektivischer Compositionsprinzipien, wie bei Perugino, darf man um so weniger bei ihm erwarten, als er noch nicht völlige Sicherheit in der damals allen guten Meistern geläufigen Linearperspektive und kein lebendiges Gefühl für architektonische Dinge verrät. Seine Pfeilerhalle links ist nicht frei von störenden Fehlern in der Verkürzung; die luftige Loggia drüben geht nicht über das Verständniss des falegnáme, der turmartige Tempel ist eine schmächtige Reminiscenz an Perugino's Rundbau in der Einsetzung des Schlüsselamts. Recht albern ist die Scheinarchitektur der Fensterwand.

Die stiefmütterliche Behandlung des Baulichen fällt um so mehr auf, wenn daneben Bäume und landschaftliche Stücke aller Art mit liebevollster Genauigkeit gegeben sind und nebensächliche Zierraten auf's Sorgfältigste ausgeführt erscheinen. In dem Hintergrund des Mittelbildes, den abschüssigen Felspartieen mit zierlichen Bäumen und Kirchlein darauf, der von Hügeln und Bergen eingerahmten Ferne, mit dem Blick auf eine Meeresbucht, wo ein Schiff im Hafen ruht, steigert sich die Phantasie zu wirklich poetischer Anmut.

Aber es kann uns auch hier ein Unterschied von Perugino nicht entgehen, der in der Farbenstimmung liegt. Während bei Pietro überall bis an die Scheide des Quattro- und Cinquecento ein warmer bräunlicher Ton vorwiegt, der seine landschaftlichen Hintergründe erst recht mit dem Ganzen in Einklang bringt, den nackten Teilen seiner menschlichen Gestalten erst die Temperatur des Lebens giebt, hat Pinturicchio schon in diesen frühen Arbeiten ein kühles Grau angenommen, in dem sogar die munteren Farben seiner Gewänder, die vielfach bunten Verzierungen nicht aufkommen. Er selbst muss dies gefühlt haben; denn er bemüht sich in der Folge unverkennbar, seinen Fresken mehr heitere Frische zu verleihen, zunächst durch Goldlichter und Ultramarin, allmählich durch die Helligkeit der Farben selbst; der leuchtende Goldton Perugino's, der diesem durch die Oeltechnik bekannt und wert geworden, ist Pinturicchio immer unerreichbar geblieben[1]).

---

[1]) Die Fresken der Cap. Bufalini sind in 10 grossen Tafeln, aber sehr unzureichend von Francesco Giangiacomo gestochen, in der Calcografia camerale publiciert worden und ein Teil in der Ape Italiana, Anno III. Nro. XXIX. 67. Die Bestattung auch bei Agincourt. Wir geben die wichtigsten Stücke nach Originalaufnahmen in Lichtdruck.

Cappella Ponziani in Sta. Cecilia.

An den Freskenschmuck der Cappella Bufalini müssen unmittelbar die Deckenmalereien angeschlossen werden, die in der jetzigen Sakristei von Sta. Cecilia in Trastevere, der ehemaligen Cappella Ponziani, erhalten sind. Von den Wandgemälden, die man fälschlich für Darstellungen aus dem Leben der erst 1608 heilig gesprochenen Sta. Francesca Romana ausgiebt, während sie wahrscheinlich die Legende des hl. Laurentius enthielten, sind nur noch spärliche Reste unter der Tünche bemerkbar; auch die Deckenbilder haben vielfach gelitten, lassen aber trotz der Uebermalung den ursprünglichen Charakter an mehreren Stellen noch rein erkennen. Es ist ein doppeltes Kreuzgewölbe, dessen mittlere Dreieckfelder direct an einander stossend eine Rautenfläche bilden (wie im Cambio zu Perugia). Hier erscheint in runder Cherubglorie der sitzende Gottvater, während die vier schmäleren Dreiecke von den Gestalten der Evangelisten, die beiden breiteren von Ornamentfüllungen eingenommen werden. Der Kopf Gottvaters und Matthäus sind erneuert, die Evangelisten Marcus und Johannes am besten erhalten. Diese Gestalten stimmen mit denen an der Decke der Bufalinicapelle fast ganz überein, nur sind sie in grösserem Massstab ausgeführt. Die vegetabilischen Ornamentstücke, besonders das an der Schmalwand des ursprünglichen Eingangs von der Kirche, sind sehr schön. Alles trägt die Merkmale einer eigenhändigen Arbeit des Pinturicchio, die den stilistischen Eigentümlichkeiten nach nicht lange nach den Fresken in Aracoeli entstanden sein kann. Auf diese Zeit weist auch eine Inschrift im Fussboden der Capelle, welche das Gründungsjahr 1480 und den Stifter Johannes Baptista Pontianus nennt [1], dessen Wappen an den Consolen der Gewölbzwickel und in den Arabesken der Altarwand angebracht ist.

Müssen wir diese Deckenbilder in Sta. Cecilia mit Entschiedenheit als Reste einer tüchtigen Leistung des Pinturicchio selbst bezeichnen, so ist dagegen von dem bei Crowe und Cavalcaselle angeführten Bilde der Madonna mit S. Stephanus und S. Laurentius im Chor von S. Lorenzo fuori le mura zu berichten, dass es bei der letzten Restauration der Kirche unter Pius IX. zerstört worden ist.

[1] IO. BAPTISTA PONTIANVS | HOC SACELLVM .... ET S. LAVRENT. DICAVIT.

III.

Unter dem Pontifikat Innocenz' VIII.

1484—1492.

wischen der römischen Kunst unter Innocenz VIII. und den letzten grossen Unternehmungen seines Vorgängers Sixtus giebt es mehr als einen Unterschied. Die Veränderung macht sich nicht allein in dem ganzen Geist des Pontifikats bemerkbar, sondern sie erstreckt sich auf die künstlerische Auffassung und den Stil der Arbeiten selbst. Mit den Aufgaben modifizirt sich der Geschmack, von den Darstellungen bis hinein ins Decorative. Je kürzer die Zeit, desto auffallender muss die Wandlung hervortreten. Es ist der Uebergang von der monumentalen Historienmalerei in eine decorative Richtung, die unter Alexander VI. zur vollen Herrschaft gelangt; die Behandlung der grossen Wandgemälde wird eine andere; die Ausdehnung, die man ihnen gestattet, beschränkt; der Massstab der Gestalten und ihre Bedeutung verringert. Und was hier genommen wird, fällt den umrahmenden Teilen, dem blos Ornamentalen zu, das nun mit Vorliebe ausgebildet die Phantasie des Künstlers wie des Beschauers weit mehr in Anspruch nimmt. Noch überwuchert es nicht die Decken und Wandflächen mit seinem wechselnden bunten Gebilde, noch drängt es die biblischen und historischen Scenen nicht ganz zu blossen Füllstücken zusammen, wie im letzten Jahrzehnt des Jahrhunderts; aber jeder Schritt auf diesem Wege rückt uns der Zeit des Grotteskenspiels näher.

Auch die Vorbilder der Decoration selbst bleiben unter Innocenz VIII. noch im Wesentlichen die selben, denen die Künstler der Frührenaissance gehuldigt. Aber die Art ihrer Behandlung verrät deutlich genug, wie sich der Geschmack vielleicht unbewusst aber gründlich verändert. Der Marmorschmuck römischer Prachtbauten mit seinen wuchtigen Gliederungen, seiner energischen Profilirung, seinen starkausgearbeiteten Zierformen, samt farbigem Grund und Goldhöhung war das Ideal unter dem Rovere. Dieser kräftige Sinn tritt uns in der sixtinischen Capelle vorherrschend wie an allen Arbeiten des Hauptmeisters Melozzo da Forli entgegen. Nachdem dieser beim Tode Sixtus' IV. Rom verlassen, wird es anders; die westumbrische Kunstrichtung, die sich schon in den ersten Wandgemälden des Perugino in der nämlichen Capelle hervorgetan, übernimmt die tonangebende Stelle.

Sobald die schlimme Zeit des Conclave vorüber war, hatte sich zur Krönung Innocenz' VIII. auch Perugino wieder eingefunden [1]), begünstigt und bevorzugt vom

---

[1]) Vgl. den Zahlungsvermerk an ihn und Antoniazzo bei Eug. Müntz, Gaz. des Beaux-Arts, Octob. 1875.

Cardinal Giuliano della Rovere, der die Wahl seines Freundes Cybò zu Stande gebracht und an der Seite des weichmütigen Papstes seinen mächtigen Einfluss auf alle römischen Dinge behauptete. Der Meister von Perugia malte damals im Palast bei Sti. Apostoli, wo in dieser Zeit nicht sowol die Colonna — Vasari schreibt irrtümlich Sciarra-Colonna — als vielmehr sein Erbauer der Cardinal Giuliano wohnte [1]), welcher bei seiner Titelkirche S. Pietro ad Vincula nur eine bescheidene klösterliche Wohnung besass, den Palast daselbst erst als Papst Julius II. erbaute [2]). Bei beiden Kirchen aber hatte Giuliano Bibliotheken angelegt und mit Malereien schmücken lassen. Vielleicht entstanden damals auch die Darstellungen zweier Martyrien am Sacramentsaltar in S. Marco. Sie sind verloren; aber im Belvedere des Vatican deuten arg entstellte Reste auf Perugino's Mitwirkung bei Malereien, die im Auftrag Innocenz' VIII. ausgeführt wurden.

Das sicherste Zeugniss für diesen zweiten Aufenthalt in Rom, der sich bis gegen Ende 1486 ausgedehnt haben kann [3]), liegt für uns in dem Stilcharakter einer Reihe von Werken, welche in diese Jahre fallen, und deren Entstehung und Eigenart nicht anders als durch eine Gemeinschaft des Perugino und Pinturicchio erklärt werden dürfte. Die Frucht dieser Berührung der beiden Meister war eben die Ausbildung einer eigenen decorativen Richtung, welche noch einmal alle Vorzüge der sorgfältigen Quattrocentoarbeit mit dem echt umbrischen Geschmack für graziöse Leichtigkeit und harmonischen Linienfluss der Ornamentik vereinigte, eben jene Umgestaltung des bis dahin herrschenden, noch in der Cappella Bufalini beibehaltenen Decorationsstils im Sinne der westumbrischen, speziell perusischen Empfindung.

Diese Reihe von wesentlich decorativen Werken soll im Zusammenhang besprochen werden, um ihnen als historische Erscheinung im Ganzen die Bedeutung und den Platz einzuräumen, die ihnen gebühren. Bevor dies aber geschehen kann, muss eine andere Wandmalerei untersucht werden, welche nach der bisher geltenden Meinung eine frühere Stelle unter den Arbeiten des Pinturicchio behauptet.

In der Kirche Sta. Maria del Popolo befindet sich in der dritten Capelle rechts vom Haupteingang ein marmornes Grabmal in Form einer auf kleinen Consolen ruhenden, von kapitällosen Pilastern eingerahmten Wandnische mit dem Sarkophag darin, mit Architrav und Rundbogen darüber. Es wurde dem Giovanni Rovere von seinen drei überlebenden Söhnen Girolamo, Francesco und Bartolommeo errichtet. Dieser Giovanni war nicht, wie man bisher angegeben, der jüngere Bruder des Cardinal Giuliano della Rovere (Julius II.), welcher als Stadtpräfekt, Herzog von Sora und Sinigallia im Jahre 1501 gestorben ist, sondern der Schwager Sixtus' IV., Giovanni Basso aus Albizzola, der von seiner Frau Luchina den Namen der Rovere annahm. Er starb, wie die Grabschrift besagt [4]), am

---

[1]) Vgl. Raph. Maffei, Dissert. bei Muratori, Rer. Ital. Script. XXIII, col. 172 und Albertini: „Palatium sanctor. XII apostolor. a Martino quinto Colup. inchoatum quod quidem postea tua beatitudo a fundamentis sumptuosissimo aedificio restituit ac statuis variisque picturis & marmoribus exornavit," und weiterhin „Omitto eo quae sunt in aedibus columnensium fundatis a tua beatitudine."

[2]) Albertini, a. a. O. „Omitto aliud palatium apud ecclesiam sancti Petri ad Vincula nuper inceptum a tua beatitudine," und weiterhin: „aliud palatium s. Petri ad vincula hoc anno inceptum."

[3]) Im December 1486 war er wieder in Florenz, wie aus den Akten des Strafgerichts vom 10. Juli 1487 hervorgeht. Vgl. Cr. und Cav. IV, p. 193.

[4]) Die Grabschrift lautet:

```
IOANNI DE RVVERE. XYSTI. IIII. PONT. MAX. SORORIO
CIVI SAONEN ORDINIS EQVESTRIS. QVI VIX.
ANN. LXXX. M. VII. D. X. HIERS CARDINALIS
RECAN. FRANCISCVS PRIOR PISANVS BARTHOLAMEVS
FILII SVPERSTITES PATRI BNMEREN. POSVER
OBIIT. ŜI. CCCC¹ LXXXIII. DIE · XVII. AVGVSTI.
```

17. August 1483, und sein ältester Sohn ist Girolamo Basso della Rovere, Cardinal von S. Crisogono genannt Recanatensis, der später diese Capelle für sich allein übernahm.

Die rundbogige Lünette über der Nische enthält die Halbfigur des im Grabe sitzenden Christus, dessen Arme von zwei trauernden Engeln gehalten werden. Felspartieen und Bäumchen rahmen die landschaftliche Ferne ein. Der Leib des todten Erlösers, wie das leise vornüber geneigte Haupt mit langem glattgescheiteltem Haar, ist durchaus würdig aufgefasst, die Brust breit, die Arme kräftig. Auch die Engel, ruhig und ernst in ihrer Haltung, haben fast Nichts von der umbrischen Zierlichkeit. Die Farbe schien mir bei früheren Besuchen von besonderer Klarheit und Frische, woltätig abstechend von den übrigen Malereien der Capelle, ist aber bei der neuesten Restauration assimilirt worden.

Hätte man irgend ein Recht, dies Fresko in der Lünette gleichzeitig mit der Entstehung des Grabmals selbst, also um 1484, anzusetzen, so könnte kaum ein anderer Meister als Pinturicchio in Frage kommen. Freilich würde auch dann die Grossheit der Formen, die Einfachheit und Mässigung des Ausdrucks befremden, und eine Erklärung aus dem unverkennbaren Einfluss des Melozzo da Forlì, der hier waltet, immer noch begründete Zweifel übrig lassen. Der rundliche Typus der Köpfe, der Bau des ganzen Leibes und die kleine fleischige kurzfingrige Hand könnten von diesem Vorbilde, dem himmelfahrenden Christus und den musicirenden Engeln, abgeleitet werden; denn jene gewaltige Schöpfung in der Tribuna von Sti. Apostoli hat wie auf alle Maler jener Zeit, die nach Rom kamen, auch auf Bernardino Pinturicchio ihren mächtigen Eindruck nicht verfehlt. Aber diese breiten Formen finden bei unserem Meister erst in weit späteren Werken in dem Altarbild von Sta. Maria tra Fossi zu Perugia und in den Sibyllen im Chor von Sta. Maria del Popolo vereinzelte Analogieen.

Nun aber verrät sich in den Gewändern und sonstigen Nebendingen mancherlei Uebereinstimmung mit der Ausführung des sonstigen Freskenschmuckes dieser Capelle [1]), der nun und nimmer um 1485 entstanden sein, noch als eigenhändige Arbeit des Pinturicchio angesehen werden kann.

Der Cardinal Girolamo Basso della Rovere [2]), dem Julius II. selbst ein Denkmal von der Hand des Andrea Sansovino im Chor der Kirche errichten liess (1507), hat die übrige künstlerische Ausstattung dieser Capelle gestiftet, wie sein Wappen mit dem Cardinalshut am Altar, in den Fensterschrägen und an der hierhergehörigen Marmorbalustrade der ersten Capelle links beweist, offenbar in der Absicht, sich selbst hier nach der Sitte der Zeit eine Grabstätte zu bereiten. Als Altarstück wurde in einem Marmorrahmen von ziemlich geringwertiger Sculptur ein Fresko gemalt, das die thronende Madonna mit dem segnenden Kinde, umstanden von vier Heiligen, St. Augustin, S. Franciscus und zwei anderen Mönchen darstellt, darüber im Halbrund den segnenden Gottvater in einer Glorie von Cherubköpfen [3]). An der linken Seite, dem Grabmal gegenüber, erblicken wir die Himmelfahrt Mariae [4]). Die Auferstandene wird in einer mit Cherubköpfen besetzten Mandorla von zwei Engeln emporgetragen, indem über ihnen vier andere musiciren.

Also nicht erst 1485, wie Platner Bunsen . . ., Beschr. Roms, III, 3, S. 216 u. Crowe u. Cav. a. a. O. S. 271 angegeben. Das Wappen unterscheidet sich von dem der eigentlichen Rovere durch zwei unten einspringende mit der Spitze gegen den Eichenstamm gerichtete goldene Dreiecke. Abbildung des Grabmals bei Tosi, Raccolta de' Monumenti sacri e sepolcrali di Roma (1853). Tav. CXXIV u. Letarouilly, Edifices de Rome Moderne III, 262. Phot. Alinari 8352.

[1]) Ansicht der Capelle bei Letarouilly III, 236. Die zugehörige Balustrade Tav. 235 (rechts oben vom Altar), mit dem Wappen des Basso-Rovere.

[2]) Nicht aber Giuliano della Rovere, wie Crowe und Cavalcaselle meinen.

[3]) Abbildg. bei Tosi, Tav. CXXVII. Phot. Alinari 8350. — 7284. 7285.

[4]) Phot. Alinari 8351.

Unten sind die staunenden Apostel am leeren Sarkophag versammelt, der in einer weiten Landschaft steht.

Diese drei Hauptstücke an den Vollmauern der Capelle sind durch gemalte Säulen flankirt, deren Postamente mit allegorischen Frauengestalten Grau in Grau geschmückt, während in die Brüstung dazwischen als Reliefs, ebenfalls in Chiaroscuro behandelte Darstellungen aus der Heiligenlegende eingelassen sind: die Verdammung und Kreuzigung des Petrus, eine Scene aus dem Leben Augustins, das Martyrium der hl. Catharina, die Anklage und Enthauptung des Paulus. Ueber den Säulen läuft ein vorspringendes Gesims hin, auf dem die Rippen des Gewölbes aufsitzen. In den fünf rundbogigen Lünetten sind Scenen aus dem Leben der Maria: die Geburt, der Tempelgang, die Verkündigung, das Sposalizio und die Begegnung mit Elisabeth, in den Kappen darüber je ein Rundfenster mit der Halbfigur eines Propheten dargestellt, umgeben von buntfarbigen Arabesken, welche ebenso wie die Ornamente in den Fensterschrägen dem ausgebildeten Grotteskengeschmack angehören, welcher erst unter dem Pontifikat Alexanders VI. in Aufnahme kam. Diese reichen Ziergebilde von Rankenwerk, Tier- und Kinderfiguren, sind wie die Propheten dazwischen freilich stark beschädigt; aber die Ueberreste genügen, um die bisher gültige frühe Datirung auszuschliessen.

Das Zeugniss der decorativen Bestandteile wird vollends durch die stilistischen Eigenschaften dieses Freskenschmuckes überhaupt bestätigt. Bei der Betrachtung des Altarbildes und der Himmelfahrt Mariae begreift man kaum, wie es möglich war, ein so untergeordnetes in jeder Beziehung schwächliches Machwerk dem Bernardino Pinturicchio selbst zuzumuten. Nicht nur die Kleinheit der Köpfe, die Magerkeit aller Formen, die bruchige Gewandung der Engel lassen eine geringere Schülerhand vermuten, sondern auch die kraftlose Gestalt der auferstandenen Maria mit abgleitenden Schultern ist für den Schüler des Fiorenzo zu schlecht. Die Zeichnung der thronenden Madonna, Gottvaters und der Heiligen ist ebenso mangelhaft, die Schwächen nur bei der feierlichen Ruhe minder augenfällig. Vergleicht man aber diese Hauptstücke mit den Lünetten und den Darstellungen in Chiaroscuro, so kommt man zu dem Resultat, dass hier zwei Hände gemeinsam gearbeitet. Beide Maler zeigen sich als Schüler des Pinturicchio, darüber ist kein Zweifel; aber derartig ausgebildete Kräfte dürfen wir schon nicht vor den neunziger Jahren erwarten. Beide führen den Pinsel nach der Weise dieses Perusiers, benutzen seine Farben und erreichen dieselbe bunte, heitere und doch nicht warme Wirkung al fresco. Beide wählen die umbrische Formensprache, bemühen sich gar den Meister Bernardino selbst nachzuahmen; indess merkt man bald genug, dass sie ihnen nicht wie die Muttersprache geläufig ist, dass sie ihre Phraseologie äusserlich erlernt, und im Grunde anderen Landes wie anderen Geistes Kinder sind. Es laufen genug Provinzialismen mit unter. Der Erstere ist an dem gänzlichen Mangel des Verständnisses für den menschlichen Körper leicht zu erkennen. Die kleinen Köpfe mit den verkniffenen Gesichtern bekommen durch die tiefliegenden, seitwärts blickenden Augen, die herunterhängende Nasenspitze und den lippenlosen Mund einen grämlichen Ausdruck. Die meisten haben glattgescheiteltes unten in Löckchen gedrehtes oder gekräuseltes Haar; die Alten starken Vollbart, oft am Kinn gespalten, die Bartlosen sehr schmale, wiederum spitze Unterpartie. Hände und Füsse an seinen Engeln sind ganz oberflächlich, ohne das geringste Gefühl für Knochen und Gelenke gezeichnet. Die Hände der Apostel, der thronenden Madonna und Heiligen haben lange dünne spitzzulaufende Finger, deren Bewegung an Spinnenbeine erinnert, während die ganze Form mehr Affen als Menschen entlehnt scheint. Seine kleinlichen Gewänder zeigen hier und da auffallende Zierlust in Goldstickerei, Besatz und Knöpfen aus Posamentierarbeit, vielgeschnürten Sandalen u. dgl.

Seine Hintergründe sind mit entsprechender Kleinarbeit bis in die Ferne ausgeführt, nicht ohne Sinn für landschaftliche Poesie. Wol deshalb haben Crowe und Cavalcaselle an Matteo Balducci gedacht; Typen, Ausdruck und Einzelheiten in Costüm und Zierrat scheinen mir dagegen einen Lombarden zu verraten.

Jedenfalls gehören der nämlichen Hand noch zwei Lünettenbilder: der Tempelgang und die Visitation [1]. Das erstere ist besonders klar in den gegebenen Raum disponirt: die Scene spielt drinnen im Tempel, in der Mitte hinten steht der Priester am Altar, zu dem Maria hinaufsteigt, links Joachim und Anna, rechts drei Zuschauer, deren Einer auf das fromme Mädchen zeigt. An der Geburt Mariae, der Verkündigung und dem Sposalizio erfreut dagegen ein ganz anderer Sinn. Anmutige Gestalten, obgleich in untersetzten Proportionen, einfache Gewandung, wolberechnete Anordnung zeichnen ihn aus. Die Geburt ist hübsch erfunden: links das Bett der Wöchnerin, vorn die Waschung des Kindes, rechts der alte Joachim lesend. Auch in der Verkündigung ist Maria am Betpult in die Mitte gerückt, von dienenden Engeln umgeben. Hier und im Sposalizio zeigt die Madonna den Idealtypus mit rundgewölbter Stirn und kugliger Schädelform, der diesem Künstler eigen ist. Bestimmter prägt sich sein Geschmack in den allegorischen Frauengestalten am Sockel der Säulen aus. Es sind ganz abweichende, durchaus nicht umbrische Köpfe; die runde Form und die ebenmässigen Züge deuten ebenso auf klassische Vorbilder, wie die leichtfliessenden Gewänder aus weichem durchsichtigem Stoff, die ohne jegliches mit Nadeln gesteckte Gefältel der Manier des Pinturicchio widersprechen. Die hohe vortretende Stirn, Gesichts- und Körperformen, die Anordnung des schlichten Haares, das vom scharfgezogenen Scheitel herabfallend an beiden Seiten anliegt und hinten zum Knoten vereinigt ist, sowie andere Besonderheiten der Tracht erinnern auffallend an weibliche Erscheinungen in der Kunst des venezianischen Festlands zu Anfang des Cinquecento, bestimmter an die Frauen des Jacopo de' Barbarj [2], dass ich nicht anstehe, einen verwandten Künstler zu vermuten, der von seinen Anfängen aus dem Friaul, nach Rom in die Schule des Pinturicchio gekommen und hier beschäftigt ward. Ganz diesen Charakter tragen auch die Putten oben im Grottenwerk, das sich durch mancherlei kleine Merkmale von den Erfindungen des Meisters Bernardino unterscheidet. Er hat endlich bei der Ausführung der Grablünette mitgewirkt, wie die weichen Gewänder, die fliessenden Falten, die fleischigen kleinen Hände der Engel bezeugen. Fasst man die äusserlichen und die innerlichen Eigentümlichkeiten zusammen, die hier trotz der Anschmiegung an das umbrische Muster zum Vorschein kommen, so darf man wol zunächst auf Morto da Feltre verfallen, der aus den venezianischen Alpen nach Rom kam, als Pinturicchio für Alexander VI. malte, und sich mit Eifer und Erfolg vor allen Kunstgenossen dem Studium der Grottesken ergab [3].

In den bräunlichgrau gemalten Legendenbildern, aus denen nach Crowe und Cavalcaselle die Berührung Pinturicchio's mit Signorelli und sogar vereinzelte Uebertragung einiger kraftvoller Züge des Cortonesen in die schwächeren Körperhüllen des peruginischen Zeitgenossen sprechen soll, vermag ich zumal bei dem jetzigen überschmierten Zustand nur eine gemeinsame Arbeit der obenerwähnten Gehülfen zu erkennen, die auch sonst hier und da einander aushelfen mochten.

[1] In mancher Beziehung verwandt ist die fälschlich Perugino genannte Himmelfahrt Mariae unter den Zeichnungen dieser Schule in Wien. Braun Nro. 209.

[2] Vgl. z. B. die Stiche Bartsch, 1. 2. 5. 8. Pass. 28. La femme au miroir und die Weiber an der Herme des Priapos (bei Ch. Ephrussi).

[3] Vasari, Opere V, p. 201.

Nachdem wir so diesen Freskenschmuck der Capelle des Girolamo Basso-Rovere in spätere Zeit hinausgeschoben, in welcher auch die übrigen Capellen dieser Seite von Sta. Maria del Popolo ausgemalt wurden, und damit ein irreführendes Rätsel aus der chronologischen Reihenfolge der Werke Pinturicchio's beseitigt haben, nehmen wir den angesponnenen Faden wieder auf, um eine abermalige Verbindung mit Pietro Perugino zu erweisen.

Vasari erzählt im Leben des Pinturicchio: *Fece il medesimo nel palazzo di Sant' Apostolo alcune cose per Sciarra Colonna;* und im Leben des Perugino: *Fece ancora nel palazzo di Sant' Apostolo, per Sciarra Colonna, una loggia ed altre stanze.* Von dem fälschlich beigefügten Namen Sciarra, auf den sich die Vasariherausgeber allein beziehen, muss, wie gesagt, abgesehen werden. Die Malereien im jetzigen Palazzo Colonna bei der Apostelkirche werden von Crowe und Cavalcaselle verloren gegeben [1]; Burckhardt erwähnt im Cicerone eine Beschreibung, hat aber sie selbst nicht gesehen [2]. In der Tat finden sich nun in dem unteren gegenwärtig vom Fürsten selbst bewohnten Teil des Palastes nach dem Garten zu einige Zimmer, die hier in Rede stehen. Es ist ein Saal und zwei kleinere Gemächer, an die sich eine jetzt verbaute Loggia anschliessen mochte. Die letzteren werden jetzt als Camera del Pussino und del Tempesta bezeichnet; denn ihre Wände sind von diesen Künstlern mit Landschaften geschmückt, während die Decken mit dem fürstlichen Wappen von der Hand des Zuccaro prangen. Noch aber beweisen die kleinen vergoldeten Consolen, auf denen die Wölbung ansetzt, dass diese Räume einst im Geschmack der Frührenaissance ausgeführt waren. Dass wir es aber mit peruginesker Decoration zu tun haben, zeigt die Decke des anstossenden Saales. Auch hier ist das Mittelfeld der bunten Wappenmalerei Zuccaro's zum Opfer gefallen [3], die Lünetten ringsum mit modernen Schlachtenbildern gefüllt; noch aber verraten die einrahmenden perspektivisch gemalten Bögen den architektonischen Geschmack des Quattrocento, und die Ornamentstücke an der Hohlkehle mit ihren Kappen und Zwickeln bis hinan ans Mittelfeld den unverkennbaren Stil der Schule von Perugia. Die Dreieckfelder, welche von der Hohlkehle übrig bleiben, sind auf verschiedene Weise in je drei grössere Compartimente geteilt, die dann füllende Eckstücke übrig lassen; entweder sind drei Rechtecke, eins unten und zwei aneinanderstossende unmittelbar darüber eingezeichnet, oder ein Achteck in die Mitte gesetzt, das in die beiden oberen Rechtecke einschneidet. Das untere, rechteckige oder polygone Hauptfeld, enthält eine figürliche Darstellung in Chiaroscuro; hier sehen wir den Tod der Virginia, die Drohung des Scaevola, Judiths blutige Tat. Davids Sieg über Goliath und seinen Triumph. In die oberen Rechtecke sind wieder runde Medaillons eingefügt, in Bronzefarbe, wo das Hauptstück grau in grau ist, oder umgekehrt. Sie zeigen ebenfalls Figuren und werden von Palmetten oder sonstigen blattartigen Gebilden eingefasst. Die übrigbleibenden Compartimente sind mit vegetabilischen Gebilden oder Tier- und Menschengestalten in wunderlichen Stellungen, als Träger herabhangender Täfelchen u. dgl. gefüllt; ähnliches Rankenwerk, oder burleske Genien, mit Böcken spielend, bewegen sich aus den Ecken der Kappen auf ein

---

[1] a. a. O. S. 274.

[2] 4. Aufl., p. 172. Der Zutritt ist fast gar nicht erreichbar; ich habe nur einmal einen kurzen Besuch durchgesetzt.

[3] Das Motiv für diese barbarische Ueberschmierung mit dem Colonnawappen wird nur die Beseitigung des ursprünglich vorhandenen Rovere-Wappens gewesen sein. Cfr. die oben citirten Stellen bei Franc. Albertini.

festes Mittelglied zu. Grau in grau gemalte Figuren auf hellblauem Grunde überwiegen, nur vollständig im Ornament eingeschlossene Flächen sind vergoldet. Offenbar sind hier antike Reliefs, Ziermotive an marmornen Sockeln und Füllstücken der Wandverkleidung, Gemmen und Medaillen, jedenfalls Stein- oder Metallarbeiten des Altertums die anregenden Vorbilder gewesen, nicht aber die Reste römischer Wandmalerei selbst. Der Künstler ist noch ungeübt und befangen in der Verwertung des einzeln aufgelesenen Materials. Die Zerteilung der gegebenen Flächen ohne Rücksicht auf die architektonische Function des Baugliedes, das äusserliche Zusammenflicken von historischen Darstellungen mit rein ornamentalen Dingen geben der Leistung den Charakter der Unreife oder Unsicherheit eines Uebergangs.

Die Zeichnung und Formgebung lässt über die perugineske Herkunft dieser Gestalten keinen Zweifel. Die Zusammenstellung der Farben aber, der auffallend kühle Ton und die Flachheit des Ganzen sprechen entschieden für Pinturicchio's Arbeit. Stil und Geschmack des Ornaments schliessen sich vortrefflich an die besprochenen Teile der Ponziani-capelle in Sta. Cecilia an, lassen diese Deckendecoration durchaus als Weiterbildung im Sinne jener Anfänge erscheinen, während sie andrerseits zu den 1487 datirten Ueberresten im Gang des Belvedere hinüberleitet. Wir werden also nicht irregehen, wenn wir die Mitte der achtziger Jahre als Entstehungszeit annehmen.

Als Vorstufe muss sie jedenfalls, in der Formgebung des Einzelnen, wie in der Erfindung des Ganzen betrachtet werden, wenn man sie mit diesen wolgelungenen Malereien vergleicht, die Innocenz VIII. in dem neuerbauten Lustschloss am Vatican ausführen liess.

Da die Anlage des Belvedere frühestens 1484, im ersten Jahre seines Pontifikats, begonnen sein kann, so sind auch die Fresken des Pinturicchio schwerlich vor der Zeit entstanden [1]), die uns durch eine wolerhaltene Inschrift mitten unter ihnen überliefert wird. „Nicht lange darnach," fährt Vasari in seiner Aufzählung nach den Arbeiten im Palast bei Sti. Apostoli fort, „liess Innocenz VIII. aus Genua ihn einige Säle und Loggien im Palazzo del Belvedere ausmalen, wo er unter Anderem auf Wunsch des Papstes eine ganze Loggia mit Städteansichten schmückte, darunter Rom, Mailand, Genua, Florenz, Venedig und Neapel abconterfeite, in der Manier der Flamänder, was denn, als bisher unbekannt, ihm grossen Beifall eintrug. Daselbst malte er auch al fresco, beim Eintritt durch die Haupttür, eine Madonna. Für denselben Papst machte er in St. Peter in der Capelle, wo sich die Lanze befindet, welche den Leib Christi durchbohrt hatte, ein Tafelbild in tempera mit einer überlebensgrossen Madonna [2])."

Dies Gemälde ist verloren; auch die Städteansichten, die wahrscheinlich rechteckige Wandfelder zwischen Pilastern füllten, sind nicht mehr zu sehen, so dass es vorläufig dahingestellt bleiben muss, was unter der *maniera de' Fiamminghi* zu verstehen sei. Dagegen sind in dem früher an der einen Seite loggienartig offenen Gang des Belvedere, der jetzigen Statuengalerie im Museo Pio-Clementino, noch Reste des ursprünglichen Freskoschmuckes erhalten, etwa von der zweiten Hälfte des Saales ab, der Ariadne-Cleopatra gegenüber. Hier liest man an der Decke zwischen dem reichen, zum Teil vortrefflich stilisirten Arabeskenwerk den Namen des Stifters „INNOCEN. CIBO. GENVEN. P. P. VIII. FVNDAVIT" und die Jahreszahl „1487"; hier ist auch wiederholt das Wappen des Papstes im Bilde

---

[1]) Vasari giebt ausdrücklich eine Jahreszahl; aber 1484 ist entweder blos Druckfehler für 1487, oder aber nichts weiter als das Datum des Regierungsantritts Innocenz' VIII.

[2]) Diese Capelle Sta. Maria de conventu wurde im Auftrag des Papstes, wol erst nach Ankunft der heiligen Lanze 1492, von dem Nepoten Lorenzo Cybo erneuert und 1495 vollendet. Vgl. die Inschrift bei Reumont, Gesch. d. Stadt Rom III, 1, p. 537.

der stralenden Sonne angebracht. Die halbrunden Bogenfelder, über denen die flache Wölbung ansetzt, sind mit heiteren Putten in mancherlei Motiven belebt: teils nackt, teils im leichten Hemdchen halten die anmutigen Kinderfiguren zu zweien das Familienwappen, oder umspielen den Pfau mit der Devise des Papstes, oder musiciren auf Flöte und Laute, Trommel und Harfe, Posaune und Dudelsack. Es sind die letzten fünf Lünetten der Längswand, und die anstossende rechts neben der Thür, die den ursprünglichen Charakter bis auf einzelne Ergänzungen bewahrt haben. Die folgenden kleinen Gemächer enthalten ebenfalls trotz mancherlei Veränderung und durchgängiger Uebermalung unverkennbare Reste alter Decoration aus derselben Zeit, besonders Halbfiguren von Propheten, Sibyllen u. s. w. im ersten Compartiment paarweis neben einander, im zweiten einzeln. Die Malerei an den Rückwänden hat auch hier am besten der Feuchtigkeit widerstanden; so muss in der ersten Lünette rechts ein Mann mit Klappenmütze, im anstossenden Gemach an derselben Seite ein Apostel mit Stirnband und Schriftstreifen in dunklem Rock und gelbem grüngefüttertem Mantel als verhältnissmässig authentisches Beispiel beachtet werden. In den schwer sichtbaren Fragmenten des letzten kleinen Ausbaues kennzeichnet sich über dem Eingang die Lünette mit acht singenden Knaben in halber Figur durch die starke Untensicht als eine von Melozzo angeregte Erfindung, während die Farbe und Vortragsweise sonst die perusische Herkunft bezeugen.

Während in dem harmlosen Kinderspiel der Loggiendecoration der Sinn des Bernardino Pinturicchio in ansprechender Frische zum Ausdruck kommt, haben die Charakterköpfe der Propheten und Apostel zu viel mit Perugino's Jüngern bei der Einsetzung des Schlüsselamts in der Sistina gemein, als dass man sie ohne Weiteres als verwandte Leistungen des Pinturicchio hinnehmen könnte. Die perspektivischen Kunststücke im Erker vollends und das durchgehends dem wärmeren Ton Perugino's entsprechende Colorit dieser Malereien machen ebenso wie der vornehmere Geschmack des Ornamentalen die Annahme nötig, dass Perugino selbst bei dieser ganzen Arbeit mitgewirkt habe.

Das tatsächliche Verhältniss zwischen beiden Meistern sowol, wie das im Bericht Vasari's stellte sich somit hier umgekehrt wie bei den Decorationen im Palazzo Colonna. In beiden Fällen aber ergäbe sich die Gemeinschaft Pinturicchio's mit dem älteren Freunde, dessen Gönner Giuliano della Rovere dort direct, hier mittelbar im Spiele war. Diesmal muss aber Perugino früher von Rom weggegangen sein, als Pinturicchio die Ausmalung der 1487 datirten Loggia vollendete; denn wir finden ihn bereits im December 1486 in Florenz [1]).

Wenige Jahre darauf ist er jedoch abermals in Rom, um neue Aufträge des Cardinals von S. Pietro in vincoli auszuführen, und auch für diesen dritten Aufenthalt fehlt es nicht an Zeugnissen freundschaftlicher Verbindung mit Pinturicchio. Um sie richtig zu beurteilen, müssen wir aber dem Letzteren, der in Rom blieb, während der Zwischenzeit nachgehen. Er mag an jenen Städteansichten, die sich wol in derselben Loggia unter den beschriebenen Lünetten zwischen den Pilastern der rechten Wand befanden, noch über 1487 hinaus gemalt haben.

Jedenfalls lautet das nächste Datum für seine Tätigkeit erst auf 1489 und bezieht sich nur auf eine kleinere Arbeit in der Katharinenkapelle von Sta. Maria del Popolo. Es ist die letzte an der rechten Seite vom Haupteingang, welche der Cardinal Georg Costa im genannten Jahre seiner Schutzheiligen geweiht, deren Martyr-Attribut, das Rad, er als Wappen angenommen. Eine Inschrift links vom Altar besagt:

---

[1]) Crowe und Cav. IV, p. 193, Anm. 29.

GEORGIVS . CAR . PORTVGALLEN.
HANC CAPELLAM . DIVAE . CATHE
RINE . DICAVIT . DOTEMQ . DEDIT
ALIA ETIAM BONA . OB . SVAM . IN.
VIRG . SINGVLAREM DEVOTIONEM
HVIC . MONAST . RELIGIOSE
CONTVLIT
AN . D . MCCCCLXXXIX [1]

Er liess am Altar ein reichsculpirtes Marmortabernakel mit den Statuen dreier Heiligen in Nischen, der Verkündigung in drei Rundfeldern und dem segnenden Gottvater in der Aedicola darüber aufstellen, und errichtete gleichzeitig an der linken Wand sich selbst ein Grabdenkmal [2], in dem er 1508, als er 102 Jahre alt gestorben war, beigesetzt wurde. An der rechten Wand hatte bereits 1485 ein Jüngling aus der Familie Albertoni, welche die Capelle anfangs übernommen haben mochten, seine Ruhestatt gefunden, deren künstlerischer Schmuck sich durch einfache Schönheit und gediegene Arbeit auszeichnet [3]. Zwischen diesen drei Hauptstücken an den Vollmauern, in den Bogenfeldern und am Gewölbe liess der Cardinal durch Freskomalerei die Decoration der Capelle vervollständigen. Gemalte Pilaster tragen das vorspringende Gebälk. In den überhöhten Bogenfeldern sind rundbogige Lünetten ausgeschnitten, die als Oeffnungen gedacht und perspektivisch behandelt, den Ausblick aus blauen Himmel zu bieten scheinen; durch die vorderen vier schauen die Halbfiguren der Kirchenväter herein, während in der fünften über der Altarwand zwei Putten das in Relief ausgeführte Wappen des Cardinals aufrichten. Die schmalen sichelförmigen Abschnitte über diesen Oeffnungen sind wie Stichkappen mit ornamentalen Figuren, je zwei aus Rankenwerk hervorwachsenden, einen Candelaber haltenden Engeln gefüllt. An den Kanten der Wölbung sind Pilasterstreifen mit aufsteigendem Rankenwerk bis an den Schlussstein hinaufgezogen, die Dreiecke dazwischen zeigen den gestirnten Himmel.

Die Erhaltung dieser Malereien lässt zu wünschen übrig; besonders in den unteren Teilen ist stark restaurirt. Indessen die stilistischen Eigenschaften der authentischen Stücke lassen sie als gleichzeitige Arbeit des Bernardino Pinturicchio erkennen. Die nahe Verwandtschaft mit denen im Gang des Belvedere springt in die Augen. Die Köpfe müssen ganz vortrefflich gewesen sein, wie noch besonders S. Hieronymus und S. Gregor beweisen, mag auch der Ausdruck eine gewisse Gebundenheit verraten. Die Füllornamente der Pilaster, der Fensterschrägen, der Bogenfelder und Gewölbrippen bekunden noch die durchgehende Herrschaft marmorner Vorbilder, Candelaber und Rankenwerk auf farbigem, hier wie im Belvedere meist gelbem Grunde.

---

[1] Also nicht 1479, wie die Beschreibung Roms und Crowe und Cav. angeben. Abbildg. der Cap. bei Letarouilly III, Tav. 237.

[2] GEORGIVS EPS ALBANEN. CARD. | VLYNDONEN. DVM SE MORTALEM ; ANIMO VOLVIT VIVENS SIBI | POS. lautet die Inschrift am Sarkophag mit der nach dem Leben genommenen Porträtfigur. Abbildung des Denkmals bei Tosi, Tav. CXXXVI, des Altars CXXXVIII und Letarouilly 235.

[3] Tosi, Tav. CXXV.

An derselben Seite, wie die Capelle des Cardinals von Portugal, haben wir ausser der besprochenen Stiftung des Basso-Rovere noch zwei andere zu suchen, deren Freskenschmuck Vasari ausdrücklich dem Pinturicchio zuschreibt. „In der Kirche Sta. Maria del Popolo malte er zwei Capellen aus: die eine für Domenico della Rovere, den Cardinal von S. Clemente, wo dieser hernach begraben ward; die andre für Cardinal Lorenzo Cibò [1]), wo auch dieser bestattet wurde. Und in jeder dieser Capellen porträtirte er die genannten Cardinäle als Stifter."

Die Capelle des Cardinals Lorenzo Cibò kann erst nach 1489 entstanden sein, da der Neffe Innocenz' VIII. erst in diesem Jahre den roten Hut erhielt [2]). Es war die zweite Capelle vom Eingang aus; aber alle Spuren ihres ursprünglichen Aussehens sind verloren, da ein prunkliebender Nachfolger, der Cardinal Alberano Cibò, die ganze Capelle nach Angaben des Carlo Fontana umbauen, mit buntfarbigen Marmorsäulen und glänzendem Wandgetäfel, sowie mit einem Gemälde von Carlo Maratta ausstatten liess [3]). Auch die andre Capelle, die erste am Eingang, ist nicht früher entstanden, sondern noch bestimmter einer späteren Zeit zuzuweisen. Sie wurde für Domenico della Rovere gemalt; das bezeugen ausser Vasari's Worten auch Inschriften und Wappen am Marmorschmuck. An dem schön sculpirten Altarrahmen steht:

DOMINICVS RVVERE CARD. S. CLEMEN
TIS. CAPELLAM MARIAE VIRG. GENE
TRICI DEI AC DIVO HIERONYMO
DICAVIT

Dem Stil der Arbeit nach darf man vermuten, dass sie ebenso, wie das Grabmal seines Bruders Cristoforo, dem er in Amt und Würden folgte [4]), nicht lange nach dem Tode des Letztern, etwa zu Anfang der achtziger Jahre hergestellt worden. Sie zeigen den kräftigen erfreulichen Charakter, der den Kunstwerken aus der Zeit Sixtus' IV. eigen ist [5]). Daraus aber, oder gar aus der älteren Beziehung Pinturicchio's zu diesem Auftraggeber, auf die gleichzeitige Entstehung der Malereien zu schliessen, wäre sehr leichtfertig [6]); denn einmal trennt Vasari diese Fresken ausdrücklich von jenen früheren Arbeiten für denselben Cardinal, andrerseits aber widerspricht der Stil der figürlichen Darstellungen sowol, wie der decorativen Bestandteile einem so frühen Datum vollständig. Ein volles Jahrzehnt später wäre der früheste Termin; wir haben aber guten Grund noch ein Lustrum drüber hinaus zu gehen, und werden deshalb ihre Besprechung an jener Stelle, am Ende der neunziger Jahre, in den Zusammenhang einordnen, aus dem sie allein verstanden werden können.

---

[1]) Er schreibt irrtümlich Innocenzo. Opere III. p. 498. Vor dieser Capelle im Kreuzgewölbe des Seitenschiffes sieht man das Papstwappen Innocenz' VIII. als Schlussstück. Sie war dem hl. Laurentius geweiht, dessen Marmoraltar sich jetzt in San Cosimato in Trastevere befindet, ein merkwürdiges Mischwerk von Formen aus der Verrocchioschule und der römischen Localtradition. Tosi. Tav. LXXVIII.

[2]) Er starb, wie es hiess, in Folge fortwährender Beängstigungen durch Alexander VI. bereits 1503.

[3]) Beschreibung Roms. III, 3. 217.

[4]) Domenico della Rovere wurde im Februar 1478 Cardinal v. S. Vitale; dann nach dem Tode des Ant. Venerio (Aug. 1479) erhielt er den Titel von S. Clemente. Er ist im April 1501 gestorben und im selben Grabe wie der Bruder beigesetzt: DOMINICVS DE RVVERE CARD. TIT. S. CLEMENTIS QVI AEDEM HANC A FVNDAMENTIS PERFECIT HIC PRO TEMPORE QVIESCIT.

[5]) Abbildung bei Tosi, Tav. CXXII u. CXXVI.

[6]) Lermolieff a. a. O. p. 303 möchte sie uns Jahr 1483 datiren.

Ebenso unrichtig sind die Angaben, die, bekannten Quellen zum Trotz, über die Entstehungszeit der Fresken im Chor dieser Kirche gemacht werden. Francesco Albertini erklärt in seinem, Julius II. gewidmeten Opusculum de Mirabilibus novae et veteris Urbis Romae ganz rund und nett: *„In ecclesia f. Mariae de populo sunt multae cappellae variis picturis & marmoribus exornatae, maiorem vero capellam tua beatitudo fundavit, ac variis picturis exornavit manu Bernardini Perusini in qua sunt sepulchra pulcherrima ut dicam inferius de sepulchris."*

Dazu bemerken die Vasariherausgeber (Opp. III, 504), wer darnach glaube, Julius II. habe die Chorcapelle erst zur Zeit seines Pontifikats ausmalen lassen, würde sich täuschen; es sei vielmehr geschehen, als er noch Cardinal war. Woher wissen sie das? Mit welchem besseren Zeugniss wollen sie die Angabe Albertinis berichtigen? Das erfahren wir nicht; trotzdem nennen alle Historiker den Cardinal Giuliano della Rovere als Stifter, setzen die Malereien wol gar um 1483 an, ohne sich über das „fundavit" Rechenschaft zu geben.

Offenbar sind jedoch die decorativen Bestandteile des Deckenschmuckes der spätrömischen Wandmalerei nachgebildet und enthalten jene phantastischen Gebilde aus Tier- und Pflanzenwelt, jene mostri und miscugli, die man damals als Grottesken bezeichnete. Darin ist das beste Mittel zu ihrer Datirung gegeben. Die Auffindung dieser Vorbilder in den verschütteten Bauresten antiker Palast- und Thermenanlagen, und deren Nachahmung durch die Renaissancemaler fällt in die ersten Jahre der Regierung Alexanders VI.[1] Der hohe Grad ihrer Ausbildung aber, in dem die Grottesken hier erscheinen, müsste an sich Veranlassung genug sein, diese Arbeit Pinturicchio's geraume Zeit nach jenem ersten Anfang der neuen Decorationsweise anzusetzen. Jedenfalls ist ihre Entstehung unter Alexander VI. durchaus unwahrscheinlich, da Giuliano della Rovere seit der Wahl seines alten Gegners Rodrigo Borja wenig Lust zu derartigen Unternehmungen haben konnte, sich vielmehr aus wolbegründeter Furcht vor dessen Nachstellungen von Rom fern hielt, 1492 zunächst in seine Burg nach Ostia, 1494 von dort weiter nach Genua und Avignon entwich. Erst nach dem Tode Alexanders kehrte er zum Conclave zurück, aus dem Pius III. hervorgieng, welcher seit 1502 den Pinturicchio in Siena beschäftigte. Die Fresken des Chors von Sta. Maria del Popolo können somit erst jenseits 1503 entstanden sein; in welchem Jahre vor dem Abschluss der Schrift Albertini's (1509), wird später zu untersuchen sein.

Damit verlassen wir vorerst diese Kirche, die erste Rast und Andachtstätte aller Romfahrer, die durch die Porta Flaminia hereinkommen. Wir müssen uns nach den letzten Werken Pinturicchio's unter dem Pontifikat Innocenz' VIII. umsehen, über die kein bestimmtes Datum erhalten ist. Da begegnet uns wiederum Meister Pietro von Perugia. Er hat auf dem Wege von Florenz nach Rom seine Heimat Perugia besucht, um den Rest seines Guthabens für die Fresken in der Cappella Sistina zu erheben (5. März 1491), hat sich um Orvieto, wo er schon 1489 einen Contract wegen der Deckenmalerei in der Cappella S. Brizio mit der Domverwaltung abgeschlossen, gar nicht gekümmert; denn der Cardinal Giuliano della Rovere lässt ihn nach Rom kommen, damit er seinen Palast in Ostia mit Malereien schmücke. Und dieser Mäcen verschmäht es nicht, die Orvietaner mit groben Briefen einzuschüchtern, damit sie während des ganzen

---

[1] Siehe m. Aufsatz im Jahrbuch der Kgl. Preuss. Kunstsammlungen II, 3 (1881), p. 131 ff.

Jahres 1491 geduldig warten, ohne seinem Schützling den guten Auftrag zu entziehen, und ermahnt sie noch unterm 2. Juni 1492 abermals, da der Meister Pietro in wenig Monaten für sie zum Malen bereit sei.

Im Jahre 1491 entstand jenes Altarbild in der Villa Albani zu Rom, das zwar mit dem vollen Namen „Petrus de Perusia pinxit" bezeichnet ist, in der Ausführung aber so auffallende Verwandtschaft mit dem damaligen Stil Pinturicchio's zeigt, dass man eine starke Betheiligung seiner Hand um so lieber zugeben wird, je weiter die in den nächsten Jahren von Perugino gemalten Hauptbeispiele seiner Kunst von diesem vereinzelten Stücke abweichen, während sie der Formgebung des letzten Wandgemäldes der Sistina wieder viel näher stehen.

Mag man über die tatsächliche Gemeinschaft und die geschäftliche Behandlung solcher Arbeit denken wie man will, wenn man nur nicht die vornehme oder romantische Auffassung unserer Künstler unbesehen auf die damalige Zeit überträgt, die den zünftigen Traditionen noch so viel näher stehend, auch so viel bescheidenere, rationellere und heilsamere Begriffe über den Kunstbetrieb hatte. Jedenfalls bezeugt dieses Bild, das Perugino offiziell als sein Werk legitimirte, die Erneuerung freundschaftlicher Beziehungen zwischen ihm und Pinturicchio, und wir werden es nur natürlich finden, wenn uns auch auf dieser Seite die Spuren künstlerischen Verkehrs mit dem unstreitig höher begabten und feiner organisirten Meister begegnen.

Die fördernde Berührung mit Perugino offenbart sich meines Erachtens in einigen Malereien, die Bernardino laut Vasari im Palast des Cardinals von S. Clemente, Domenico della Rovere, im jetzigen Convento dei P. Penitenzieri ausgeführt. Es sind arg verwahrloste Decorationen einiger Säle im ersten Stock, von denen nur noch die Decken stehen geblieben, als Zeugen eines überaus geschmackvollen Ganzen. Im ersten dieser Säle, der jetzt durch einen Einbau entstellt und verdunkelt wird, ist die flache Holzdecke in kleine quadratische Felder geteilt, die von schmalen goldenen Stäben eingefasst goldene Rosetten auf dunkelblauem Grunde enthalten. Den Uebergang zwischen Deckenfläche und Wänden bildet eine Hohlkehle, in welche Lünetten mit ihren Stichkappen einschneiden. Die Grate sind grau in grau mit Profilen bemalt, dazwischen eine Flechte aus zwei Bändern. Die Bogenfelder sind nunmehr weiss getüncht; in den Stichkappen kleine Rosetten von Pflanzen-Ornamenten begleitet. Auf den sphärischen Dreiecken der Hohlkehle hängt in Lorbeerkranz je ein Medaillon, in dem abwechselnd auf blauem Grunde das Wappen der Stadt Turin — der Heimat des Cardinals — ein goldnes Kreuz auf rotem Felde, oder ein Imperatorenkopf in Chiaroscuro erscheint. An den umrahmenden Kranz schliessen sich nach den drei Ecken zu Engelköpfchen, Füllhörner, Blumenvasen, Delphine mit Laubgewinden im Stil der Marmorarbeiten an. Alle diese Ornamente sind grau in grau auf Goldgrund gemalt, doch so, dass Flächen, welche durch sie vollständig eingeschlossen werden, in dunklem Ultramarinblau gehalten werden.

Das Ganze ist von höchster Eleganz und Noblesse. Man könnte darauf verfallen, ob nicht die 1488 im Auftrag Innocenz' III. gemalte Capelle Mantegna's hier eingewirkt habe. Indessen, nach den sonstigen auf uns gekommenen Werken dieses Meisters zu urteilen, muss die Selbständigkeit und Ueberlegenheit der umbrischen Decoration aufrecht erhalten werden, die sich im Anschluss an ganz andere Vorbilder, an Luciano Lauranna und Francesco di Giorgio, an Piero de' Franceschi und Melozzo da Forli entwickelt hat, und zum Beispiel in den mehrfach erwähnten kleinen Bildern aus dem Leben des hl. Bernardin von Fiorenzo di Lorenzo (1473) bereits die hier erscheinende Richtung ankündigt. Sie unterscheiden sich wesentlich auch von den decorativen Teilen der Malerei des Filippino Lippi, welche zwischen 1489 und 1493 in der Capelle des Cardinals Oliviero

Caraffa in Sta. Maria sopra Minerva ausgeführt und von Antoniasso Romano und Lanzi-
lago von Padua abgeschätzt wurde. Filippino folgt in der architektonischen Einrahmung
der Darstellungen und in der bestimmten perspektivischen Entwicklung des Raumes noch
den strengeren Prinzipien der sixtinischen Zeit, zeigt aber in den überladenen Pilasterfüllungen, die Vasari im Sinne seiner eigenen Richtung so sehr rühmt, dass ihm das
plastische Stilgefühl für solche Aufgabe fehlt. Die Häufung von allerlei Trophäenwerk
geht nur auf malerische Wirkung aus, und streift schon ans Barocke, das dann in der
trödelhaften Decoration der Cappella Strozzi offen auftritt.

Hausbackener und einförmig trotz den phantastischen Gebilden erscheint dagegen
die Decke des zweiten Zimmers, deren achteckige Cassetten und Rautenfelder dazwischen
mit buntfarbigen Fabeltieren auf dunklem Grunde gefüllt sind. Zeichnung, Geschmack
und Typen dieser mythologischen Wesen scheinen wieder einen Oberitaliener in Pinturicchio's Werkstatt zu verraten, dem die Schule Mantegna's und Venedigs nicht fremd
ist. An der Rückwand stösst ein dritter Raum an mit vortrefflicher Cassettendecke, in
deren Farben Blau und Grau vorherrschen, während rechts die Capelle bereits aus der
Zeit des späteren Besitzers Alidosi, des Günstlings Julius' II. stammt. Hinter dem Refec-
torium aber, in der jetzigen Küche und deren Nebenräumen, sind an den verräucherten
Wänden bei heller Beleuchtung noch Malereien erkennbar, wie in einem Binnenhöfchen
Reste geschmackvoller Sgraffiti, welche dieser Zeit und der Decorationsweise Pinturicchio's
gehören.

Im Hochsommer 1492, als Perugino noch in Ostia beim Cardinal Giuliano beschäftigt
war, gieng Pinturicchio nach Orvieto, da die Dombehörde mit ihm Verhandlungen angeknüpft und Rodrigo Lansol-Borja ihn empfohlen hatte, um ihm den Auftrag des wort-
brüchigen Collegen zuzuwenden.

So wären wir wol vorbereitet bei der bedeutsamen Wendung angekommen, welche
durch die Wahl dieses Borja zum Nachfolger Innocenz' VIII. auch in Pinturicchio's
römische Laufbahn gebracht wurde. Mit der Stulbesteigung Alexanders VI. war die
Herrschermacht des Rovere am päpstlichen Hofe vorbei. Bald musste der Cardinal um
sein eigenes Leben auf der Hut sein und selbst der bevorzugte Perugino konnte nichts
mehr von ihm erwarten. Pinturicchio's rasches Emporkommen war entschieden; bald
wird er an die Spitze der künstlerischen Unternehmungen im Vatican gestellt, und
Perugino muss missmutig, dass sich das Blatt gewendet, dem Uebergewicht des einstigen
Gehülfen weichen.

IV.

Das Appartamento Borgia im Vatican.

1492—1494.

as wichtigste Denkmal der römischen Tätigkeit Pinturicchio's, das auf uns gekommen, ist der malerische Schmuck der ehemaligen Wohnräume Papst Alexanders VI. im Vatican: „in diesem Palast,“ berichtet Vasari, „liess Alexander VI. ihn alle Zimmer, in denen er gewohnt hat, und die ganze Torre Borgia ausmalen.“

Die ehemalige Wohnung Alexanders umfasst eine Reihe von sechs Zimmern im ersten Stock des päpstlichen Palastes. Ein grosser Saal und drei fast quadratische Zimmer gehören noch dem alten Bau Nicolaus' V. an, und liegen unter den berühmten Stanzen Raphaels, von der Sala di Costantino bis zur Stanza dell' Incendio, welch letztere man fälschlich schon zur Torre Borgia zu rechnen pflegt[1]). Erst an der Ecke zwischen beiden Fenstern dieses Gemaches stösst der Neubau Alexanders VI. an, ein viereckiger Turm, der oben, wo jetzt die Fresken zur Verherrlichung Pius' IX. prangen, die Privatcapelle des Borja[2]) enthielt, während sich unten, ausser der Treppe, noch zwei kleine Räume befinden, die mit der älteren Zimmerflucht durch einige Stufen verbunden, das sogenannte Appartamento Borgia abschliessen, das gegenwärtig den letzten Teil der vaticanischen Bibliothek bildet.

Sogleich nach seiner Stuhlbesteigung (26. August 1492) liess Alexander dies Stockwerk im alten Palast renoviren und den Turmbau beginnen, zugleich mit andern Arbeiten am Gang zur Engelsburg, wo noch sein Wappen über dem Thor zum Hof der Schweizerwache mit der Jahreszahl 1492 seine ersten Sorgen documentirt. Da es natürlich darauf ankam die Wohnung möglichst bald fertig zu sehen, so muss unmittelbar nach der Ausbesserung der vorhandenen Räume der Ruf an den Maler erfolgt sein.

Pinturicchio hielt sich damals in Orvieto auf. Noch am 17. November 1492 finden wir ihn in Unterhandlungen mit der Baubehörde, die über den massenhaften Verbrauch

---

[1]) Seit Vasari's ungenauem Ausdruck. In der Vita del Soddoma, Opp. VI, p. 385, beschreibt indess auch er richtig . . . . „Pietro Perugino, che dipigneva la volta d' una camera che è allato a torre Borgia.“

[2]) Noch jetzt sind an der Aussenseite die hohen Fenster kenntlich und das eingesetzte Wappen Alexanders VI. im Mauerwerk.

von Ultramarin und Gold bei seinen Malereien in der Tribuna des Domes unzufrieden, eine förmliche Absage von ihm hinnehmen musste. Entscheidende Stimmen erklärten sich für seine Entlassung, „si fieri potest detur eidem licentia; cum picture huc usque facte non faciant ad propositum." Doch zog sich die Auseinandersetzung noch einige Wochen hin, wenigstens erhielt Pinturicchio noch am 12. December Zahlungen vom Camerlengo; dann aber scheint er davongegangen in den Dienst des neuen Papstes [1]).

Genaueres wissen wir nicht über den Beginn seiner Arbeit im Vatican; jedenfalls aber wird er, wie gesagt, die Zimmerflucht im Bau Nicolaus' V. zuerst in Angriff genommen haben. Ob an dem einen oder dem anderen Ende dieser Reihe angefangen wurde, ist nicht mehr festzustellen, da die ganze Malerei in dem letzten grossen, unter der Sala di Costantino gelegenen Zimmer schon auf Befehl Leo's X. heruntergeschlagen und von Schülern Raphaels, Perino del Vaga und Giovanni da Udine, nach dem Vorbild antiker Decorationen der Terme di Tito u. a. erneuert wurde [2]).

Die drei kleineren Räume bekommen ihr Licht je durch ein Fenster, das sich nach dem Cortile del Belvedere öffnet; ihre aus je zwei länglichen Kreuzgewölben bestehende Decke wird der Länge nach durch einen starken auf Pfeilern ruhenden Bogen geteilt, so dass an den beiden Seitenwänden je zwei Spitzbogenfelder, an Rück- und Fensterwand je eine doppelt so breite Lünette entstehen.

Beginnen wir in Rücksicht auf den heutigen Besucher mit dem Zimmer unter der Stanza dell' Incendio, in das man aus der Torre Borgia, die damals erst gebaut wurde, zunächst eintritt. Hier ist das grosse Bogenfeld an der Rückwand durch einen eingemalten Zwickel in zwei den übrigen gleiche Lünetten geteilt. In diesem Zwickel wird von einem stehenden Engel unten und zwei schwebenden zur Seite ein Kranz von vergoldetem Stucco gehalten, in dem auf rot- und grünem Grunde das Wappen Alexanders VI. in Stuck modelliert ist. Die sieben Lünetten sind den allegorischen Darstellungen des Trivium und Quadrivium gewidmet, in deren Reihenfolge jedoch die übliche Ordnung nicht beobachtet wird: dies Gemach wäre also passend als Zimmer der sieben freien Künste oder Stanza del trivio e quadrivio zu bezeichnen.

Der Bogen, welcher die Decke teilt, ist an seiner breiten Wölbung mit fünf achteckigen Bildchen geschmückt, welche indess, wie die füllenden Ornamente, Hand und Geschmack eines weit späteren Malers verraten, und ihren Ursprung ganz dem Restaurator danken, wenn ursprünglich auch ähnliche Scenen geschildert waren [3]). Das Zwillingsgewölbe ist durch perspektivische Malerei zu zwei achteckigen Flachkuppeln mit laternenartigem Aufsatz umgestaltet, durch welchen oben, scheinbar am gestirnten Himmel, das Wappen Alexanders im Stralenkranz hereinleuchtet. Die unteren Compartimente sind mit Candelaber und Putten, je zwei grossen Stieren daneben, und stralenumsäumten Kronen, den heraldischen Zeichen der Lansol und Borja in schwerer vergoldeter Stuckarbeit ausgefüllt.

Wie der Gegenstand der Lünettenbilder vermuten lässt, war dies Gemach zum Studio

---

[1]) Vgl. Luzi, Il Duomo di Orvieto, Firenze, Lemonnier, 1866, pag. 457—460.

[2]) Vasari, Opp. V, 595 (Lemonn. X, 144): „Fecesi in questo tempo, per ordine di papa Leone, la volta della sala de' pontefici, che è quella per la quale si entra in sulle logge a le stanze di papa Alessandro sesto, dipinte già dal Pinturicchio: onde quella volta fu dipinta da Giovan da Udine e da Perino."

[3]) Die Restauration muss zum Teil schon im 17. Jahrhundert geschehen sein, hernach folgte eine durchgehende Aufbesserung unter Pius VII, hier und da wol Nachhülfe unter Pius IX. Was aber die Herausgeber des Vasari aus Albertini's Opusc. herausgelesen (Opp. III, 499 Anm.), ist ein Irrtum: Julius II. hat sich um das Andenken seines Feindes Alexander nicht bemüht; Albertini's Angabe bezieht sich auf die Stanzen im Geschoss über dem Appartamento Borgia.

des Papstes bestimmt. Die allegorischen Gestalten der freien Künste, mit Bildnissen ihrer antiken und modernen Hauptvertreter, oder mit genrehafter Inscenirung ihrer verschiedenen Tätigkeiten war ein beliebtes Thema, wie die Cardinaltugenden mit ihren Helden. Berühmt vor Allem war damals ein solcher Cyklus im grossen Bibliotheksaal des herzoglichen Schlosses von Urbino, aus der ersten Hälfte der siebziger Jahre, ein bedeutendes, für die Kunstgeschichte jener Periode sehr wichtiges Denkmal, das Pinturicchio jedoch, soviel wir wissen, nicht gekannt hat.

An dies Studio schliesst sich dann zunächst ein Prunkgemach, das gleich der darüber liegenden Camera della Segnatura durch die reichhaltige Bedeutsamkeit der Malereien ausgezeichnet ist; es war ohne Zweifel das Allerheiligste des Borjacultus. Das Wappen der Familie, der Stier, ist der Ausgangspunkt eines ganzen schmeichelhaften Mythos zur Verherrlichung ihrer Herkunft und ihrer hohen Aufgabe für das Menschengeschlecht. Ihm sind die acht sphärischen Dreiecke der beiden Kreuzgewölbe und die fünf achteckigen Bildchen an der Bogenlaibung gewidmet: der Stier der Borja ist der heilige Apis Aegyptens, dieser aber eine mystische Verkörperung des alten Gottes Osiris, der mit seiner Gemalin Isis die Anfänge aller Cultur gestiftet. Isis ihrerseits wird mit der griechischen Jo identifizirt, die in eine Kuh verwandelt, von Argus gehütet, und bis nach Aegypten getrieben wird ¹).

Unter diesen heidnischen Deckenbildern überraschen in den sechs Lünetten der Wände biblische und legendarische Heiligengeschichten; doch sind auch sie wol zur Verherrlichung der Schutzpatrone des Hauses Borja nicht ohne Zusammenhang mit dem ägyptischen Mythus gewählt, denn die Geschichte der hl. Katharina spielt ja in Alexandrien, der Besuch des Antonius Abbas bei den Anachoreten in der Thebais. An der Rückwand nimmt die Disputation der hl. Katharina von Alexandrien vor dem Kaiser Maximin, gegenüber an der Fensterwand das Martyrium des hl. Sebastian die ganze Breite ein. Ueber der Thür, durch die wir eintraten, ist die Begrüssung Maria's durch Elisabeth, wol zur Ehre der letzteren gewählt; daneben der Besuch des hl. Antonius Abbas beim Eremiten Paulus; diesem gegenüber die Geschichte der hl. Barbara und daneben das Leiden der keuschen Susanna, aus dem alten Testament. Unter dieser Verherrlichung der Frauenehre ist über der Thür zum anstossenden Zimmer ein Rundbild mit vergoldetem Stuccorahmen angebracht. Es enthält die halbe Figur der Madonna mit dem vor ihr auf einem Kissen stehenden Jesuskind von einem Cherubkranz umgeben, jenes Antlitz der Jungfrau, das nach Vasari's Behauptung die Züge der Geliebten des Papstes, der schönen Giulia Farnese tragen soll. Die Porträtfigur Alexanders selbst, der vor ihr kniee, findet sich nicht darauf, wol aber dicht daneben auf einer Medaille, die auf dem umlaufenden Marmorgesims gebildet ist, sein Kopf in Profil mit Namensumschrift.

Die knieende Gestalt des Papstes, die Vasari im Sinne hat, ist dagegen auf der anderen Seite derselben Wand im anstossenden Zimmer gemalt, wo er in anbetender Haltung als Zeuge bei der Auferstehung Christi erscheint. Die Einteilung dieses dritten Gemaches entspricht genau der des ersten. Die sieben Darstellungen der Lünetten sind dem Leben Christi und Mariae entnommen und beginnen auf der Rückwand links mit der Verkündigung, an die sich, durch den Zwickel mit dem von Engeln gehaltenen Wappen Alexanders VI., rechts die Geburt des Kindes anschliesst. An der Seitenwand rechts folgt die Anbetung der Könige und die Auferstehung, über dem Fenster in ganzer Breite die Himmelfahrt Christi, links sodann die Ausgiessung des hl. Geistes und end-

---

¹) Vergl. W. Helbig, Wandgemälde Campaniens, Leipzig 1868. Nro. 130 – 138. Mus. Borb. X, 2. Zahn III. 8.

lich die Himmelfahrt Mariae mit der Gürtelspende an Thomas und der knieenden Gestalt eines Cardinals.

An den Rippen der beiden länglichen Kreuzgewölbe läuft eine Flechte von vergoldetem Stuck bis in die Mitte hinauf, wo sie in einem Rund das Familienwappen des Borja umschliessen. An der Bogenlaibung prangt oben das Papstwappen, unterhalb in kleineren Compartimenten die einzelnen heraldischen Bestandteile, Stier, Zinkenkrone u. s. w. Inmitten der Dreieckfelder des Zwillingsgewölbes sind runde Oeffnungen dargestellt, durch welche acht Propheten hereinschauen: über der Himmelfahrt MICHEAS, über der Auferstehung SOPHONIAS, über der Ausgiessung des hl. Geistes IOEL und als vierter der vorderen Hälfte HIEREMIAS; jenseits des Bogens ihm zunächst ISAIAS, über der Rückwand MALACHIAS, rechts DAVID und links SALOMON. Die übrigbleibenden Ecken enthalten wieder mit architektonischen Gliedern eingerahmte Felder, die mit farbigen Ornamenten auf Goldgrund gefüllt sind, während um die Runde und ihre Nebenfiguren herum eine goldene Kette von Stieren, Kronen, Candelabern und fogliami auf blauem Grunde hinläuft.

An diese drei Zimmer schliesst sich der grosse Saal — sala de' pontefici —, welchen Pinturicchio damals ebenso mit Malereien geschmückt, deren Gegenstände wir nicht mehr anzugeben vermögen.

Die Gesammtheit dieses Freskenschmucks entstand den überlieferten Documenten zufolge in unglaublich kurzer Zeit. Die Arbeit kann erst in der letzten Hälfte des Decembers 1492 begonnen sein. Im Frühjahr 1493 war sie in vollem Gange; denn der Papst schrieb den Orvietanern, die den Maler mit ihren Aufträgen bestürmten, am 29. März: sie möchten einige Zeit warten, bis sein Palast vollendet sei [1]). Schon am 11. April erhält Pinturicchio in der Tat wieder Zahlung in Orvieto und wurde dort festgehalten, so dass der Papst genötigt war am 9. März 1494 auf seine Entlassung von dort zu dringen, damit er die im Palast begonnenen Malereien zu Ende führe [2]).

Selbst wenn wir nur eine kurze Abwesenheit des Meisters annehmen, und die beiden noch nicht beschriebenen Zimmer in der Torre Borgia, welche das Datum 1494 tragen, gar nicht in Betracht ziehen, so bleibt nur eine Frist übrig, die für einen einzelnen Maler „zu knapp gemessen scheint", selbst wenn man sich ihn ununterbrochen an der Arbeit denkt" [3]). Ausserdem nahmen noch die Stuccobekleidung an den Decken und die Modellirung ganzer Stücke, welche hier in die Fresken selbst eingefügt sind, gewiss nicht unerhebliche Zeit und Mühe in Anspruch, zumal man in deren Anwendung noch nicht geübt war.

Das Wunderbare einer solchen Leistungsfähigkeit ist wol im Stande, nicht nur vorübergehende Zweifel zu wecken, sondern sollte schon längst eine ernste Prüfung des Sachverhalts veranlasst haben; Crowe und Cavalcaselle erklären, das Geheimniss von Pinturicchio's Fruchtbarkeit liege, wie schon Vasari richtig bemerkt, in der grossen Erfahrung und in dem Geschick bei Anstellung zahlreicher Gehülfen. Damit ist wenigstens

---

[1]) Cum dilectus filius Bernardinus Perusinus pictor expediturus est nonnullas picturas quas in nostro Palatio per eum fieri fecimus, pro quarum perfectione per aliquos dies non poterit isthuc se conferre ad perficiendum opus picture quod in Ecclesia Beate Marie istius civitatis inceperat. Idcirco hortamur vos ut donec que pro nobis facturas est absolverit, aliquanto tempore expectare velitis, et per eos quibus incumbit similiter expectare faciatis, nihil interea immutantes. (Bei Luzi, pag. 461.)

[2]) Vasari, Opp. III, 501 Anm.

[3]) Crowe und Cav. a. a. O.

ein Fingerzeig für weitere Nachforschung gegeben; es gilt nur, das Untersuchungs-
verfahren consequent durchzuführen, soweit es eben heutzutage irgend noch tunlich bleibt.

Vasari's Bemerkung über Meister Bernardino: „tuttavia egli fu persona che ne' lavori
grandi ebbe molta pratica, e che tenne di continovo molti lavoranti nelle sue opere"
enthält keineswegs einen prinzipiellen Tadel gegen die Beschäftigung von Hülfsarbeitern,
sondern höchstens gegen die Ausdehnung ihres Anteils. Dass man sich bei Wandmalereien
al fresco der Hände geübter garzoni bediente, war eine bekannte Tatsache, gegen welche
die Besteller gar nichts einzuwenden hatten. Im Contrakte des Fra Angelico mit den
Orvietanern werden seine Gesellen sogar einzeln vorgeführt und jedem nach Mass-
gabe der Person ein Monatsgeld ausgesetzt [1]. Galeazzo Sforza, dem es an schneller
Herrichtung seines Palastes gelegen war, rief alle möglichen Künstler aus seinem Herzog-
tum in die Residenz, natürlich Leute von höchst verschiedenartiger Begabung und
Schule. Nur Vorsichtigere verwahrten sich gegen das Ueberhandnehmen der Schüler-
arbeit, besonders wo die Gewissenhaftigkeit des Meisters zu wünschen übrig liess. Mit
der Zeit, je mehr alle unter dem Einflusse des Lehrers stehen und zur Hervorbringung
grosser Gesammtwirkungen von ihm geschult sind, wird das Eingreifen vieler Hände
immer selbstverständlicher. Grade in der Uebergangsperiode, in die wir eintreten, hört
der Individualismus in der Kunstübung, der nirgends so gross war, wie in Florenz, mit
dem Aussterben der echten Quattrocentisten auf, und es bilden sich grosse Ateliers, wie
das Raphaels in Rom, wo es weit schwerer fällt, herauszuerkennen, was er selber und
was unter seinen Augen Andere gemalt.

Wie weit aber schon damals die Künstler tatsächlich giengen, und bei Manchen,
ohne Widerspruch gehen durften, lassen contraktliche Stipulationen, die uns erhalten sind,
ziemlich unbefangen hervortreten.

Als die Orvietaner die Vollendung der von Fra Angelico begonnenen Fresken in
der Cap. S. Brizio ihres Domes beschlossen und sich dieserhalb mit Perugino einigten
(30. Dec. 1490), wurde der Meister in einem besonderen Paragraphen ausdrücklich
verpflichtet: „alle Figuren, insonderheit die Gesichter und alle Gliedmassen aller Gestalten von der Mitte ab aufwärts mit eigener Hand zu malen, sonst aber nur unter
seiner persönlichen Aufsicht arbeiten zu lassen, es sei denn vom Obmann die spezielle
Erlaubniss zur Fortsetzung auch in Abwesenheit des Meisters eingeholt" [2]. Der Cardinal
Francesco Piccolomini verlangte, als er dem Pinturicchio die Ausschmückung der Dombibliothek zu Siena auftrug, wenigstens die Köpfe von des Meisters eigener Hand und
eine Ueberarbeitung al secco. Ob Alexander VI., dem es um schleunige Ausstattung
seiner Wohnräume zu tun war, seinem Maler derartige Verpflichtungen auferlegt, oder
Kenner genug war, um hernach Ungleichmässigkeiten herauszumerken, ist uns nicht
überliefert. Jedenfalls war er, als die Zimmer fertig waren, sehr befriedigt und drückte
sich rückhaltlos darüber aus, indem er die Belohnung verfügte [3].

Der Kunsthistoriker dagegen wird sich nicht dabei beruhigen, was bereits damals
geübteren Augen nicht entgieng, sondern sich bemühen, die eigene Arbeit des Meisters
von der seiner Gehülfen genauer zu unterscheiden, — schon aus Billigkeit gegen ihn
selbst, um nicht etwa die künstlerische Verantwortlichkeit für alle Zeit mit der geschäft-
lichen Verantwortlichkeit von damals zu vermengen. Die eingehende vergleichende

---

[1] Vgl. Luzi, Duomo di Orvieto, pag. 437. Es sind ausser Benozzo Gozzoli ein Johannes Antonii de Florentia
und ein Jacobus de Poli.

[2] Vermiglioli, Append. Nro. XI, pag. XXXVIII.

[3] Daselbst Append. pag. VII ff.

Prüfung der Malereien selbst, soweit es der Zustand ihrer Erhaltung irgend gestattet, ist der einzige Weg zu einer gerechten Beurteilung ihres Autors. Die Aussonderung des Fremden, das sich innerhalb so ausgedehnter und in so kurzer Zeit vollendeter Fresken voraussichtlich finden muss, und die vielleicht abermals mögliche Unterscheidung ungleichgebildeter Kräfte unter den Hülfsarbeitern kann für die Aufklärung der geschichtlichen Zusammenhänge nur fruchtbar und lehrreich ausfallen.

Sala delle Stampe.

Es ist der Eindruck vorwiegend eigener Erfahrung, welcher uns bestimmt, mit der genaueren Betrachtung des mittleren Zimmers einzusetzen, das sich auch äusserlich durch die absichtliche Pracht und den Reichtum der Darstellungen als bevorzugtes Hauptstück zu erkennen giebt.

Die erste Stelle beansprucht das grosse, die ganze Breite des Bogenfeldes an der Rückwand einnehmende Fresko, das die Disputation der heiligen Katharina von Alexandrien vor dem Kaiser C. Valerius Maximus Daza darstellt. Die Mitte hält ein Abklatsch des Constantinsbogens, der ganz in Stucco modellirt, ursprünglich reich bemalt und vergoldet war, und oben vier brennende Candelaber trägt mit dem Stier der Borja dazwischen, unter dem die Inschrift PACIS CVLTORI prangt. Zur Linken steht in Dreiviertelsicht der Thron mit hohem Baldachin. Der Kaiser sitzt in etwas vorgebeugter Haltung und lauscht der Jungfrau vor ihm, die ihre Argumente an den Fingern herzählt. Wie sie in der Linie des linken Seitendurchgangs steht, drüben vor dem rechten ein Schriftgelehrter, fast vom Rücken gesehen, nach links gewendet und schaut in ein Buch, das ein knieender Page ihm geöffnet entgegenhält. Zwischen ihm und Katharina, weiter zurück vor dem Hauptbogen, unterreden sich zwei andere Priester. Zu äusserst rechts, ganz im Vordergrund, hält ein Reiter in türkischem Costüm mit schwerem stuckunterlegtem Goldbrokatmantel, weiterhin noch zwei andere: ein Page mit einem Windspiel, Stabträger und Wegführer mit Streitaxt auf der Schulter stehen dazwischen, vor dieser Gruppe Schriftgelehrte und Knaben, welche Bücher und Pergamentrolle halten. Gegenüber hinter dem Thron haben sich die Räte des Kaisers versammelt, vor denen zwei Kinder streiten; ganz vorn fällt ein Albanese auf, in lebhafter bildnissmässiger Behandlung, auf der andern Seite ein Türke mit einem schwerttragenden Pagen. Hüben und drüben im Mittelgrund drängt sich die dichte Volksmasse herzu. Entsprechend hebt sich das hügelige Terrain der Landschaft links und rechts vom Triumphbogen, umbrische Bäumchen stehen zur Seite, in der Mitte blickt man in freie Ferne hinaus[1]).

Offenbar ist das Prinzip der Composition kein anderes, als das der Massenverteilung im gegebenen Raume. Die Hauptpersonen haben nicht mehr Wert als die Zuschauer; Katharina und ihre Richter sind auf die Seite geschoben, ohne dass die Axe des Ganzen damit aus der Mitte gerückt wäre. Unser Auge wird ebenso stark auf die rechte Seite zu den Reitern hingezogen, wie zu Erscheinungen neben dem Thron, die viel interessanter

---

[1]) Pistolesi, Il Vaticano III. Tav. XXXII, giebt nur eine matte, wenig stilgetreue Vorstellung.

sind, als die eigentliche Handlung. Die Heilige ist zart und schlank, etwas eckig in ihrer Bewegung, als Mittelpunkt des Vorganges viel zu wenig ausgezeichnet und belebt. Der Schriftgelehrte mit dem Pagen ist viel eifriger, aber momentan mit ihr in keiner Beziehung; die Räte des Kaisers sind fast alle bildnissmässig behandelt, darunter einige vortreffliche Köpfe, die über der Sorge um Porträtähnlichkeit ihre Teilnahme an dem Ereigniss eingebüsst haben. Die reichcostümirten Figuren der Griechen und Türken, zu Fuss und zu Ross, zeigen vollends, wohin die Neigung des Künstlers geht. Das psychologische Interesse, die Seele der Handlung, die er darstellen sollte, wird vernachlässigt zu Gunsten einer lustigen Schilderei. Es freut ihn, uns mitten hinein in das glänzende Treiben des päpstlichen Hofes zu versetzen, wo der Türkenprinz Djem mit seiner Umgebung die Vorliebe für türkische Tracht und Gewohnheiten in Mode bracht, so dass sich der Sohn des Papstes selber, Juan von Gandia, gelegentlich so kleidete [1]).

Bei der Aufmerksamkeit für die prächtigen Anzüge hat die Zeichnung der menschlichen Gestalt nicht gewonnen; das Bildnissmässige beschränkt sich auf die Köpfe, die Körper sind nicht fester, die Stellung der Beine nicht sicherer geworden. Auch die Behandlung der Pferde verrät die Oberflächlichkeit des Blickes; sie sind, sobald man genauer zusieht, steif und anatomisch unrichtig. Ueberhaupt hat hier die einzelne Erscheinung in ihrem besonderen Leben, wie als selbständiges Glied eines Herganges nicht den Wert für sich, wie bei den gleichzeitigen Florentinern: sie verschwindet in der Masse; die Figur, die heraustritt, wird nicht bestimmt als Individuum ausgearbeitet, wir ahnen nichts von der Persönlichkeit, die in dem Rock steckt; das Publicum als solches, die vielköpfige Volksmenge ist seine Freude, und es irritirt ihn nicht, wenn das Conglomerat von Zuschauern mit mehr oder minder belebten Gesichtern sich hier und da zu einem Klumpen zusammenballt, und die Klarheit des Ganzen empfindlich darunter leidet.

Es ist derselbe Pinturicchio, den wir in den historischen Scenen der Bufalinicapelle kennen gelernt, aber auf einer weiteren Stufe seiner Entwicklung. Das beweist vor Allem sowol die Zeichnung als die Malweise. Die Figuren sind grösser, ihre Bewegung im Ganzen freier geworden; in ihrer Stellung zu einander herrscht mehr Abwechselung. Abgesehen von dramatischer Motivirung der Composition und Hervorhebung der Protagonisten, ist die Bühne geschickt mit Gestalten gefüllt, die sich von der compakteren Umgebung loslösen. Das Fresko ist im Ganzen technisch vollendeter, klarer, die Farbe leuchtender, in sich tiefer, als in den früheren Arbeiten; die immer schwierige Berechnung der Töne in trefflicher Gleichmässigkeit gelungen, allerdings mit Hülfe damals noch ganz üblicher Retouche al secco. Die Anordnung der Gewänder ist hier und da noch durch schwere, an unpassender Stelle über einander gepackte Falten entstellt; die vergoldeten Stucklagen konnten allerhöchstens im ersten Stadium der Farbenfrische und leuchtenden Pracht nicht verletzen. Trotzdem ist der Eindruck als Decorationsstück ein ungemein erfreulicher.

Die nächste Lünette an der Seitenwand links ist der Geschichte der heiligen Barbara gewidmet. In der Mitte erhebt sich der Turm, in dem sie gefangen sass, mit hohem schrägansteigendem Unterbau und zwei niedrigen Stockwerken darüber, — nichts als ein Coulissenstück und doch auch hier mit Hülfe von Stucco, Gold und Farbe in krasser Nachahmung des Wirklichen. An seiner linken Seite klafft der Riss in der Mauer, der sich zur Befreiung der Heiligen öffnete; in eilendem Lauf entflieht die Jung-

---

[1]) Burcard erzählt (Diar. ed. Gennarelli, pag. 247), dass am 5. Mai 1493 bei einem Ritt des Papstes durch Rom „crucem precesserunt Gem Sultan frater magni Turci a dextris, et Johes Borgia Dux Candiae Valentinus filius Papae in habitu Turcorum a sinistris."

frau. Rechts hin stürmt indess der erzürnte König, ihr Vater, mit gezogenem Schwert, gefolgt von einem bärtigen und einem jugendlichen Krieger. Im Hintergrunde links sieht man Barbara Hand in Hand mit ihrer Freundin Juliana auf der Flucht, rechts ihren Vater im Gespräch mit einem Hirten, der ihm soeben den Aufenthalt der Tochter verraten hat und zur Strafe dafür versteinert wird, wie der Maler durch die Marmorfarbe angedeutet.

Sobald Pinturicchio's Gestalten, wie hier, in hastige Bewegung kommen, offenbart sich wieder seine Herkunft von Fiorenzo di Lorenzo. Die Figuren des Hintergrundes erinnern an Scenen aus der Geschichte des hl. Bernardin; sie schreiten heftig aus und schwingen die Arme. Nicht ohne Eckigkeit sind die Bewegungen des Königs und seiner Begleiter, so dass sie mit einander in unschöne Linien geraten. Selbst die Heilige in ihrem schweren carminroten Kleide ist nicht frei davon, sonst aber von schlankem Wuchs und schön von Antlitz. Die Gesichter der beiden behelmten Krieger zeichnen sich durch rosige Frische aus und haben sehr viel Verwandtschaft mit Köpfen, die Pinturicchio fast acht Jahre später in einer Anbetung der Hirten zu Spello gemalt hat.

Noch anziehender ist die Erscheinung der weiblichen Hauptperson in dem anstossenden Fresko, das man bisher immer als eine zugehörige Darstellung aus einer und derselben Legende, oder als Geschichte der hl. Juliana angesehen hat. Wie gesagt, ist aber die Historie von der keuschen Susanna gemeint. Im Vordergrunde sehen wir den eingefriedigten Garten mit einer grossen, in vergoldetem Stuck ausgeführten Fontaine. Ueber ihrem achteckigen Becken erhebt sich ein Aufsatz von zwei Schalen, auf deren unterer zwei Putten mit langen Füllhörnern sitzen, während in der oberen ein Putto mit Delphin an jene Erzarbeit Verrocchio's im Pal. Vecchio zu Florenz erinnert. Auf dem Rasen ist allerlei Getier versammelt, eine horchende Hindin, ein kauernder Hirsch, hüpfende Hasen und Kaninchen, sogar ein Affe an der Kette. Links steht eine Wanne mit Gewändern darüber, ein Paar Pantoffeln liegt daneben. Keine Frage, die Eigentümerin war im Begriff, sich zum Bade zu bereiten. Da sind die beiden lauernden Alten herzugesprungen, haben das schöne Weib, das erschrocken zu fliehen versucht, erhascht und bestürmen es heftig. Diese lebhaft bewegte Gruppe, die dem Barbarabilde durchaus verwandt ist, füllt die rechte Seite; die folgenden Scenen geschehen in der Ferne: links die Ergreifung der keuschen Witwe auf Befehl der ungerechten Richter, rechts die Steinigung der bösen Alten, nachdem die Wahrheit an den Tag gekommen. Besonders hier erfreut eine besondere Lebhaftigkeit der Erfindung: ein Jüngling, der aufs Pferd springt, ein anderer mit wehendem Banner; einige Figuren sind ohne Weiteres aus dem Steinigungsversuch gegen Christus in Perugino's Schlüsselübergabe entlehnt; ein Türke reitet auf einem kurzbeinigen, viel zu langleibigen Gaul.

Fragen wir, wie es mit der malerischen Ausführung stehe, so entsprechen die Köpfe der Hauptpersonen durchaus Pinturicchio's Arbeit auf den besprochenen Fresken, besonders sind sie denen auf dem Nachbarfelde gleichartig. Das feine weiche Gewand der Susanna dagegen in hellblauer Farbe, ist so leicht und flüchtig gemalt, dass wir nach einem analogen Beispiel bei Bernardino selbst vergebens suchen, sondern vielmehr überraschend an einen Maler erinnert werden, der gewiss nicht hier erwarten: an Soddoma. Mag man über den plötzlichen Anachronismus immerhin erschrecken, er muss zur Charakteristik der fremden Hand, die hier mitwirkt, genannt werden. Und die Association erklärt sich überdies, wenn uns im selben Bilde die auffallende Einführung von ungebetenen Gästen aus der Tierwelt begegnet, die wir bei Pinturicchio bisher nicht kennen gelernt. Es wäre doch als merkwürdiger Zug von Verwandtschaft mit der bekannten Liebhaberei des Gianantonio Bazzi zu beachten.

6

Und ein ganz ähnlicher Geschmack spricht uns auch aus dem gegenüberstehenden Fresko, der Begegnung Mariae mit Elisabeth[1]), besonders aus einer häuslichen Scene an, die vom Gegenstande ebenso wenig gefordert war, wie die Menagerie in einem Lustgarten von Pinturicchio: In der Mitte des Spitzbogenfeldes steht die alte Elisabeth, im Profil nach links gewendet, drückt die Hand und umschlingt den Nacken der eben ankommenden Maria, die zart verschämt zu Boden schaut. Sie trägt einen carminroten Mantel über grünem Kleide und ein weisses Kopftuch, Maria eine carminrote Tunica und blauen Mantel mit grünem Futter. Hinter dieser lehnt der grämliche Joseph auf seinem Stab in gelbem Mantel über dem grünen Rock, während ein munteres Kind und eine Magd mit obstgefülltem Korbe auf dem Kopf geschäftig von links herbei eilen, aus dem Hintergrunde noch ein Zug geschmückter Besucher herannaht. Unter einer Pfeilerhalle, die sich zur Rechten öffnet, steht noch nichts ahnend in ein Buch vertieft der alte Zacharias, während neben ihm eine Gruppe eifrig beschäftigter Frauen am Spinnrocken und mit anderen Arbeiten unter dem ersten Bogen sitzt, zu denen rechtsher aus der Tiefe noch andere Frauen herzutreten, indess ein kleiner Knabe vorn auf dem Rasen sein Hündchen liebkost, und vom Söller der vorspringenden Arkade in der Mitte noch zwei Weiber herabschauen.

Die Hauptpersonen sind durchaus Eigentum des Pinturicchio; aber die Gruppen rechts und links haben, so sehr sie in der Zeichnung der Weise des Meisters entsprechen, in der Ausführung doch hier und da abweichende Eigenschaften einer wolgeübten Schülerhand. Die genrehafte Scene im Hause ist mit besonderer Vorliebe und Sorgfalt gegeben, ein Idyll voll Einfachheit und Poesie. Fremdartig dagegen erscheint die Pfeilerhalle, deren Structur und Profilirung sich wesentlich von derartigen Baulichkeiten beim Pinturicchio unterscheidet. Sie sieht aus, wie ein aus Holz gezimmertes Decorationsstück, das man mit Stucco, Gold und Farben herausgeputzt. Die Pfeiler erheben sich auf schräg-ansteigenden Basen, die gleich ihnen mit glatten Leisten eingerahmt sind. Das Pilaster-ornament besteht aus buntfarbigen Grottesken auf schwarzem Grunde. Zu beiden Seiten der Bögen sitzen in den Ecken runde Medaillons mit ebenfalls buntfarbigen Darstellungen darin. Die Profilirung der Capitäle[2]) und die Cassettirung der Bögen bestimmen vollends das Urteil, dass wir es nicht mit einer umbrischen oder umbroflorentinischen Erfindung zu tun haben, sondern merkwürdiger Weise mitten unter den klassischen Anregungen Roms das Werk eines Lombarden, das seines Gleichen in Mailand und Umgebung zu suchen hätte. Wie anders erscheinen im Vergleich hiermit z. B. die Baulichkeiten auf der Bestattung des hl. Bernardin in Aracoeli: sie sind gewiss nicht vorzüglich, lassen aber immer noch die Steinarbeit erkennen. Diese Pfeilerhalle dagegen verrät in allen Gliederungen die Gewohnheit des Urhebers, mit Ziegel und Terracotta zu hantiren. Weiteres mag dahingestellt bleiben, bis wir in anderen dieser Fresken auf Architekturstücke treffen.

In felsiger Wildniss geschieht die andere Begegnung auf der anstossenden Lünette, links neben dem Stützbogen. Es ist der Besuch des hl. Antonius Abbas beim Paulus Eremita in der Wüste Thebais[3]). Vor einer thorartigen Felshöhle sitzen der heilige Einsiedler und sein Gast einander gegenüber und brechen das Brod, das ihnen der davonfliegende Rabe in doppelter Grösse gebracht hat. Antonius in seinem Cenobitengewand erhebt staunend die Rechte, während hinter ihm drei Teufelinnen zu seiner

---

[1]) Pistolesi III, Tav XXXIV.
[2]) Das Mittelstück ist indessen ebenso wie der Fries oben am Architrav abgefallen. Auf dem letzteren stand wol eine Inschrift.
[3]) Pistolesi III, Tav XXXIII

Versuchung herannahen, welche, der Verwechslung mit Engeln vorzubeugen, mit Hörnchen an der Stirn, Fledermausflügeln und Krallenfüssen ausgestattet sind. Paulus zur Linken trägt einen geflochtenen Bast-Kittel über dem abgemagerten Leibe, ein langer Bart fällt bis auf die Brust herab, mit der linken Hand hält er ein Buch auf dem Schoosse. Hinter ihm am Felsen lehnt noch ein anderer langbärtiger Anachoret in weissgelbem Gewande, das greise Haupt in die Hand stützend, in der anderen einen Krückstock, und schaut wie entsetzt zu den bösen Dämonen des Gastes hinüber. Dicht neben ihm tritt noch ein jüngerer Genosse herzu.

Ganz Pinturicchio erkennt man in Antonius Abbas und seinen Begleiterinnen wieder, die mit sonstigen Frauengestalten bei ihm, auch mit der Barbara drüben, in Typus, flatternder Gewandung und Farbe manches Gemeinsame haben.

Paulus Eremita ist der Gestalt des hl. Franciscus in der Bufalinicapelle verwandt, mager und zartknochig; seine Gefährten daneben sind nicht ohne Anklänge an Signorelli, auch in der Verkürzung des Kopfes und im Fall des Mantels, aber die ganze Zeichnung ist befangener. Die Vorlage von Pinturicchio's Hand ist unverkennbar, aber die Ausführung dieser Seite, abweichend von der seinigen, geht in malerischer Hinsicht über ihn hinaus. Der Kopf des Jünglings rechts verdankt seine treffliche Modellirung dem Pinsel des Gehülfen, der sich durch eigentümliche Wärme des Colorits kennzeichnet; er gleicht dem hl. Bernhard Perugino's in der Vision zu München. Auch die Landschaft und die Felsen haben diese Stimmung; er hat die Höhle des Eremiten ausserdem mit merkwürdig phantastischer Laune behandelt: die Felsblöcke haben allerlei abenteuerliche Formen, grimassenhafte Profile [1]. Der Auftrag der ockergelben Farbe ist ein ganz anderer als bei Pinturicchio, kühn, a buon fresco, hingeworfen.

Die Verschiedenheit in der Arbeit dieses Wandgemäldes giebt uns ein neues Rätsel auf, doch ist sie nicht ohne Gleichen in dem letzten grossen Bilde dieses Zimmers: dem Martyrium des hl. Sebastian, das die ganze Breite über dem Fenster füllt. In weiter Hügellandschaft erhebt sich ein hohes Stück Mauer, mit der Säule davor, auf deren Postament der jugendliche Sebastian steht. Schmerzvoll blickt er gen Himmel, während rechtsher der Engel herabschwebt. Marmorne Trümmer liegen umher, aus denen noch ein Säulenstumpf emporragt. Unten am Boden in der Ecke rechts sitzt mit gekreuzten Beinen der sarazenische Befehlshaber, der den nackten Heiligen als Ziel seiner Bogenschützen bezeichnet. Diese, teils in türkischer, teils in italienischer Tracht, sind bereits in Tätigkeit: der Eine schiesst gerade, ein Zweiter spannt, ein Dritter weiter hinten biegt den Bogen zurecht. Drei Andere stehen links in verschiedener Haltung, zielend, emporschauend, den Erfolg des Schusses erspähend. Die Landschaft ist links nur mit Bäumen, rechts mit den Ruinen eines Amphitheaters und einem Kirchlein auf der Höhe geschmückt, zu dem ein kleiner Zug von Reitern und Fussgängern hinanzieht [2].

Die malerische Ausführung dieses landschaftlichen Hintergrundes, besonders des hinter Sebastian aufragenden Mauerfragmentes, in dessen Fensterhöhle ein Käuzchen lauert, stimmt so auffallend mit der bei dem Besuch des Antonius Abbas besprochenen überein, dass man ohne Weiteres aufgefordert wird, nach sonstigen Spuren derselben Hand zu suchen. Unbedingt wird man ihr sogleich die schöne Gestalt des hl. Sebastian beimessen, dessen Carnation denselben bräunlich warmen Ton und eine weichere Fülle hat, als Pinturicchio selbst eigentümlich ist. Die nämliche Färbung unterscheidet auch den zweiten Bogenschützen links, im türkischen Costüm, und den ersten rechts, die so

[1] Fr. N. Hellig u. A. entdeckten in nächster Nähe des Fresko an mehreren Stellen des Felsens den Namen GBAZ...
[2] Pistolesi III, Tav. XXXV.

ganz peruginesken Charakter tragen, dass man sie an anderer Stelle ohne Zweifel für Meister Pietro's Arbeit erklären würde. Indessen eben der zweite Schütze links zeigt an seinem Turban und der flatternden Gewandung aus feinem Zeuge jene Manier der Faltengebung und Vorliebe für künstliches Arrangement, z. B. ohrenförmig ausgezogene Schleife, die an einem Knoten seitwärts überfüllt, welche wir als zusammenhängend mit den Gewohnheiten des Fiorenzo di Lorenzo und Pinturicchio bezeichnet, bei Perugino jedoch nicht vor der Mitte der neunziger Jahre, bestimmt erst um 1500 gefunden haben. Sehr verwandt sind dann der erste Schütze rechts und der sitzende Befehlshaber, dessen gelber Mantel stark übermalt ist. Ganz im Sinne des Pinturicchio wären die beiden äussersten Schützen in den Ecken. Der zweite rechts und der erste links sind offenbar noch jugendliche Gestalten, im Geschmack des Signorelli gebildet, besonders der letztere mit dem üppigen blonden Haar unter dem roten Käppchen ist eine treffliche harmonisch bewegte Gestalt, die zu den schönsten Leistungen Pinturicchio's gehören würde, wie denn diese ganze Darstellung unter den frischesten, lebendigsten des Appartamento hervorleuchtet [1]). Der Hauptanteil an der Ausführung fiele freilich dem unbekannten, Pietro Perugino näher stehenden, Mitarbeiter zu, dessen Spuren wir nur verlassen, um mit der reichgeschmückten Decke die Betrachtung dieses Zimmers zu beschliessen.

In den vier sphärischen Feldern des länglichen Kreuzgewölbes über der vorderen Hälfte des Zimmers beginnt die Erzählung von den segensreichen Einrichtungen des Osiris. Er lehrt seine Untertanen das Feld bestellen, die Cultur der Obstbäume und des Rebstockes, das Aepfelpflücken und die Weinlese; er richtet die ersten Opfer ein und stiftet die Ehe, indem er sich selbst mit Isis vermält. In der schmalen Kappe, rechts vom Fenster aus, sitzt in einer goldenen Aedicola, deren Dach mit der Gestalt der Judith bekrönt ist, der junge König Osiris und lehrt den Gebrauch des Pfluges, den ein Bauer zu seinen Füssen nach linkshin leitet, während rechts andächtige Verehrer emporschauen. Die Inschrift an der Aedicola erklärt: SVSCEPTO REGNIO DOCVIT EGIPTIACOS ARARE ET PRO DEO HABITVS. In dem breiteren Feld über dem Fenster giebt er Anweisung junge Bäume anzubinden. Links über der Thür wiederum die goldene Aedicola mit der Gestalt des Goliath am Dache; der König sitzt darin und lehrt die Obstlese: LEGERE POMA AB ARBORIBVS DO-CVIT. Im vierten Bilde sehen wir, durch einen Candelaber getrennt, rechts das Sposalizio der Isis und des Osiris, während links ein König im Turban höchlichst erstaunt über den Vorgang herzutritt, daneben noch eine Frau im Gespräch mit einem behelmten Krieger [2]). Am zweiten Kreuzgewölbe setzt sich die Geschichte nach der grossen Wanderung des Osiris fort. In dem Breitbild über der Rückwand ist die Ermordung des heimkehrenden Osiris durch seinen Bruder Typhon dargestellt, zu beiden Seiten eines Candelabers, rechts die Handlung, links die entsetzten Zuschauer, unter denen ein Knabe mit einem Lamm im Arm davonflieht. Rechts daneben in der schmalen Kappe nimmt wieder eine Aedicola mit der Gestalt des jungen Meergottes auf der Spitze die Mitte ein, darin steht eine goldene mit farbigen Edelsteinen geschmückte Pyramide; darunter links die Auffindung der verstreuten Gebeine durch die wehklagende Isis, rechts ein alter Mann in Zipfelmütze mit einem Jüngling, die sich einem vornehmen Türken nahen, anscheinend mit bittender Gebärde. Die Inschrift sagt nur: VXOR EIVS MEBRA

---

[1]) Die Bemerkung Crowe und Cavalcaselle's, dieses Bild habe von allen Gemälden der Borgia-Zimmer die meiste Nachhülfe erfahren (IV, 277, Anm. 20), beruht wol auf einer Verwechslung mit dem Fresko der Fensterwand im anstossenden Zimmer del Trivio e Quadrivio.

[2]) Pistolesi III, Tav. XXIX.

DISCERPTA TANDEM INVENIT QVIBVS SEPVLCRVM CONSTITVIT. Auf dem
folgenden Bilde ist links eine Schaar von Andächtigen vereint, welche den Gott ver-
ehren, der rechts soeben in Gestalt eines Stiers aus der Pyramide hervortritt. Das letzte
kleine Feld links zeigt in der Aedicola, die mit der Gestalt des Hercules geschmückt ist,
einen goldenen Stier; vier Träger tragen sie auf den Schultern in Prozession, während
musicirende Kinder voranschreiten. Das Epigramm erklärt: SACRA NŌ PRIVS INITIA-
BANT Q(uam) POPVLO OSTENSVM BOVEM ASCENDERENT.

An dem breiten Bogen, der die beiden Kreuzgewölbe scheidet, sind fünf achteckige
Bildchen angebracht [1]). In der Mitte oben sieht man einen Jüngling in blau und roter
Kleidung ein nach links hinlaufendes Mädchen in gelbem Gewand verfolgen und glücklich erhaschen, wie es scheint. Rechts darunter folgt eine Scene, welche uns helfen
muss, die erste zu deuten: eine weibliche Gestalt in gelbem Gewande steht fragend oder
fordernd vor demselben jungen Mann, der hinter sich auf eine weisse Kuh weist. Darnach müssen wir wol Hera erkennen, die von Zeus die Kuh erbittet, in die er soeben
seine Geliebte Jo verwandelt, und das erste Bild könnte auf Zeus und Jo oder Hera
gedeutet werden. Dass die Geschichte der Jo gemeint ist, die von Alters her mit Isis
zusammengebracht wird, zeigt die unterste Darstellung rechts: wo wir den hundertäugigen
Argos erkennen, dem Hermes seine einschläfernden Melodieen vorbläst, um ihn im Auftrag des Zeus dann zu tödten. Das Bild gegenüber, zu unterst links, enthält diese Enthauptung. Nur das fünfte darüber will in diesen Zusammenhang nicht passen: eine Frau
in blauem Kleide und gelbem Mantel thront als Herrscherin mit Scepter und Buch,
während links ein Jüngling, rechts ein Greis zu ihren Füssen sitzen. Die einzige Deu-
tung wäre Isis, in Abwesenheit ihres Gemals, als Statthalterin des Nilreichs, nebst ihrem
Sohn Horus und dem Minister Hermes, den Osiris ihr beigegeben. Die Auswahl der
Momente ist ja überall etwas ex abrupto, dass wir uns über diese Zusammenwürfelung
nicht wundern dürfen; offenbar waren sie nicht durch die Absicht klarer Erzählung,
sondern durch abenteuerliche Anspielungen auf die Familie Borja und allerlei spitz-
findige Beziehungen bestimmt, in deren allegorisch-symbolischem Geheimniss sich zu
wissen die Hofhumanisten Alexanders beglücken mochte.

Im Ganzen ist die Decke durch die zahlreichen kleinen Figuren und mancherlei
plastische Zierraten aus vergoldetem Stuck zu sehr überladen; im Einzelnen aber reich
an überraschender Schönheit. Wir lernen Pinturicchio von einer neuen Seite kennen:
er hat sich mit Liebe in antike Vorbilder vertieft, Gewänder, Rüstungen, aber auch
Bewegungsmotive und Gruppen eifrig studirt und angeeignet. Die Anregung hierzu hat
offenbar die Decoration der Palast- und Thermenreste gegeben, die sich grade damals
dem Studium der Künstler wieder erschloss [2]). Auch die Stuckverzierung verdankt ihren
Ursprung ja der Lust wetteifernder Nachahmung, welche diese Ruinen antiker Innenräume erweckte, einer neuen antikisirenden Richtung, die weiterhin ausführlicher besprochen
werden muss. Hier nur so viel, dass einzelne dieser Gestalten und Scenen vortrefflich
gelungen sind; so ist das Sposalizio der Isis mit Osiris voll Anmut, der am Boden
knieende Jüngling mit dem Jagdspiess bei der Ermordung des Osiris ohne Frage durch
Sarkophagreliefs mit der Jagd Meleagers angeregt. Aehnlich zeichnet sich die Apis-
prozession aus.

So interessant es ist, in diesen Deckenbildern die Zeichnung Pinturicchio's zu

---

[1]) Pistolesi, III, Tav. XXX, XXXI.

[2]) Auch bei Filippino Lippi, der um 1489—1493 die Cappella Caraffa in Sta. Maria sopra Minerva mit Fresken
schmückte, ist ja diese vielleicht durch Mantegna (1488—1490) angeregte Antikensucht unverkennbar.

beobachten, die keinen Augenblick den antiken Vorbildern gegenüber ihre geknickten Linien, scharf markirten Falten und mageren Körperformen verleugnet, so wenig darf man diese Malereien selbst für eigenhändige Arbeit des Meisters halten. Bis auf die Achteckbilder am Bogen, die eine rundere Formgebung und flachere Handweise, in der Art der Franciaschule aufweisen, gehört die Ausführung der Osirismythe vielmehr einem bestimmten Schüler des Pinturicchio, der sich durch feinen Geschmack und lichte ansprechende Farben auszeichnet. Er kommt mehrfach auf des Meisters Fresken vor, besonders nach dem Mittelgrunde zu, wo diese Gestalten kleiner werden, und hat so viel Verwandtschaft mit dem Autor der mythologischen Deckenbilder im Cambio (1499) zu Perugia, dass man dort gegen alle bisherige Diagnose auf den jungen Raphael, vielmehr diesen Schüler Pinturicchio's als damaligen Gehülfen des Perugino erkennen möchte.

Sala dei Classici.

Das soeben beschriebene Mittelzimmer wird auch dadurch hervorgehoben, dass die beiden anderen rechts und links anstossenden Gemächer absichtlich als gleichwertige Nebenglieder einander ähnlich gemacht sind. Wir wenden uns zunächst dem Zimmer der freien Künste zu.

Ueber der Thür, durch die wir eintreten, ist in der Lünette eine triumphbogenartige Architektur aufgerichtet mit einer Nische in der Mitte und zwei viereckigen Oeffnungen daneben, in denen buntfarbige Grottesken herabhangen. Auf den Stufen vor der Nische sitzt in gelbem rotgefüttertem Mantel und grünem Kleide, mit einem Buch in der Hand, die allegorische Frauengestalt, deren Namen uns ein kleiner Genius zu ihren Füssen auf einer Tafel zeigt: GRAMATICA. Neben diesem Putto sitzt, nur in halber Figur sichtbar, ein Greis, der in den Bart greift und mit der Rechten ein Buch aufstützt. Zu beiden Seiten stehen je drei andere Gestalten mit Büchern und Schreibstiften. Das ganze Fresko ist übergangen, besonders die obere Hälfte der Göttin und der Jüngling links erneuert, so dass nur Fragmente des Ursprünglichen ein Urteil gestatten. Ausgemachte Verschiedenheit von Pinturicchio's Arbeit im anderen Zimmer fällt ohne Weiteres auf, besonders in den Kopftypen: sie sind breitstirnig, haben dünne in scharfem Halbkreis geschwungene Brauen und halbgeschlossene, breit gezogene Lider mit stechenden Augen.

Mehr lässt sich bei der Zerstörung nicht wol herausheben. Noch schlimmer sind wir beim folgenden Fresko daran, dessen ganzer unterer Teil mit Ausnahme einzelner Köpfe bis hinauf an den Hals der Thronenden aufgefrischt ist, so dass es für unsere Vergleichung nicht in Betracht kommt. Die Anordnung ist dem ersten sehr ähnlich: in der Nische einer dreiteiligen Architektur sitzt die Göttin mit der Inschrift DIELETICA über dem Kopfe. Die rundbogigen Fenster zu den Seiten gewähren den Ausblick in eine Landschaft; unterhalb stehen rechts drei, links vier Personen im Gespräch.

Besser erhalten und sorgfältiger ausgeführt ist an der Rückwand links die Darstellung der RETTORICA [1]), die auf freiem Thron, hinter den Putten einen grüngefütterten Teppich halten, nach rechts gewendet dasitzt. Sie trägt ein grünes Kleid mit grauem

---

[1]) Pistolesi III. Tav. XLI.

Mantel, der über den Schooss herabfällt, in der Rechten ein Schwert, in der Linken eine Goldkugel am Faden. Dieselben Attribute halten zwei Putten, die neben ihr auf dem Podium stehen. Rechts erscheinen, bis an die Knie sichtbar, drei Gestalten: zu äusserst ein Jüngling, der den linken Arm in die Seite stützt, während er im rechten ein Buch hält; neben ihm ein Kammerkleriker in schwarzem Kaftan, offenbar Bildniss; dahinter, zwischen beiden, ein langbärtiger Greis. Links ebensoviel: voran ein lesender Mann, hinter ihm ein Jüngling mit Buch, im Gespräch zu einem Greise gewendet, der zwischen beiden weiter zurücksteht. Ueber die Brüstung sieht man in eine umbrische Landschaft hinein.

In der zweiten Abteilung des Bogenfeldes, dessen Spitze das von Engeln getragene Wappen des Papstes füllt, erblicken wir in gleicher Weise thronend die Geometrie[1]), in gelbem Kleide, mit grauem, grüngefüttertem Mantel darüber. In der Rechten hält sie ein Winkelmass, in der Linken eine auf ihrem Knie stehende Tafel mit geometrischen Figuren. Zu ihren Füssen sitzt ein alter bartloser Mann, fast im Profil nach links, in gelbem Mantel und blauem Rock; er misst mit einem Zirkel eine zwischen zwei Kreisen gezeichnete Linie auf seiner Tafel. Hinter ihm stehen zwei Männer im Gespräch über ähnliche Figuren, dazwischen ein blonder Jünglingskopf, der zu uns herausblickt. Gegenüber zur Linken gruppiren sich fünf Personen, Jünglinge und Greise, mit Pergamentstreifen, Winkelmass und anderen Instrumenten. Die Landschaft geht etwas mehr in die Tiefe.

Die Vergleichung dieser beiden Fresken, zu der ihre Lage herausfordert, ist für die Malerei des ganzen Zimmers massgebend. Nur die äusserste Figur rechts und links an dieser Wand, sowie die Engel, welche den Teppich am Thron der Rhetorik halten, sind beschädigt und bei der Restauration erneut.

Die Gestalten am Thron der Geometrie haben alle Eigenschaften, welche wir bei Pinturicchio voraussetzen, als er die Ausschmückung des Appartamento Borgia begann. Er tritt uns mit seiner ganzen Vorliebe für bunte Trachten entgegen. Die greisen Erforscher der Gesetze des Raums sind reich mit goldenen Ketten geschmückt, der Thron der Göttin mit mancherlei Zierrat. Höchst charakteristisch ist der ihr zunächst stehende Mann im Turban, der eine Schrift auf ihren Sitz niederlegt. Ebenso der lockige Jüngling mit dem roten Käppchen daneben und der äusserste links mit dem Winkelmass. Auch die Gewandung zeigt die Variationen, die ihm geläufig sind: der Mantel der Göttin ist aus weichem Stoff, der leichtwellig und schlängelnd herabfällt, der carminrote Mantel des Lesers mit dem Pergamentstreifen links entspricht ganz dem Abkömmling des Fiorenzo.

Dagegen fällt der Mantel der Rettorica durch die Grossartigkeit seines Faltenwurfs und die malerische, auf Licht- und Schattenwirkung berechnete Behandlung auf, die wir bei Pinturicchio ebensowenig gewohnt sind, wie Perugino besondere Sorgfalt darauf verwendet. Ganz peruginesk sind vollends die Köpfe, sowol der Frau, als der Greise rechts und links. Neben dem trefflichen Porträt des päpstlichen Beamten glauben wir in dem bärtigen Alten den Kopf des Hieronymus bei der thronenden Madonna zu Wien oder Numa Pompilius aus dem Cambio von Perugia zu sehen, während der Jüngling uns an die Heiligen auf der Anbetung des Kindes in Villa Albani erinnert. Die Rettorica selbst aber ist derselbe Idealtypus, den wir im Bilde der Uffizientribuna und auf der Wiener Altartafel von 1493 als Madonna bewundern.

- - -

¹) Pintolesi III, Tav XLII.

Wir stehen einem Paar von Gemälden gegenüber, die gleich Zwillingen in einem Moment sich zum Verwechseln ähnlich sehen, und im nächsten Augenblick doch wieder ihre grundverschiedene Natur offenbaren. Das nämliche Schauspiel bieten die beiden Fresken der nächsten Wand und die Reste des letzten dar.

Die ARIDMETRICA sitzt unter einem roten Baldachin auf vergoldetem Thronstuhl mit Zirkel und Zahlentafel in grauem Gewande und grünem carminrot gefüttertem Mantel; zu ihren Füssen rechts vorn, bis an die Knie sichtbar, ein alter Mann mit Klappmütze in gelbem Rock und lila Mantel, beide Arme über ein auf seinem Schoosse stehendes Buch gelegt. Sonst sind zu beiden Seiten je drei in schräger Linie aufgereiht, hinter denen links noch ein, rechts zwei Köpfe hervorschauen. Der Mittlere der Reihe links in Scharlachkleid und Goldkette überrascht als Porträt besonders. Im Hintergrunde eine unbedeutende Landschaft mit Felspartie und Bäumchen.

Rechts daneben, über dem Aufgang zur Torre Borgia, befindet sich die gelungenste dieser Darstellungen, die MVSICA[1]. Auf reichverziertem Thron mit zwei flötenden Engelchen auf der ersten Stufe, einem Harfenspieler links und einer Sängerin rechts auf der zweiten einander gegenüber, sitzt die Göttin in hellblauem Kleide; ein carminroter, inwendig hellgrüner Mantel fällt über ihre Knie; hinter ihr halten zwei fliegende Putten den grünen Vorhang mit carminroter Aussenseite. In der Ecke links sieht man einen Guitarrenspieler in Scharlachgewand mit grauen Aermeln, bildnissmässig behandelt, dahinter einen blonden Knaben in gelbem Kittel, rechts vorn einen sitzenden Paukenschläger in eifrigem Hämmern, dahinter einen singenden Jüngling und einen Greis, der mit ihm in die Noten sieht. Ueber die Balustrade zu den Seiten des Thrones ragen einige Bäume herüber.

Die ASTROLOGIA, die über dem Fenster thront, ist leider vom Gürtel aufwärts ganz restaurirt. An den Stufen sitzen kleine Genien, zwei andere lagern auf der Wölbung des einspringenden Fensters. Links sieht man in halber Figur fünf Personen im Gespräch über die gestirnte Himmelskugel, die der Sitzende in ihrer Mitte hält, rechts vier andere. Die Landschaft ist ausgedehnter und mit Figuren zu Ross und zu Fuss belebt; doch hat die ganze obere Hälfte stark gelitten.

Der Träger der Himmelskugel gleicht auffallend dem Salomon im Cambio zu Perugia, wie der äusserste rechts im Nachbarbilde dem Moses; die Putten am Fensterrand gehen über die Pinturicchio's hinaus, und auch das Gewand der Astrologie zeigt noch den grossartigen Faltenwurf im Geschmack Perugino's gleich dem der Rhetorik. Ganz peruginesk ist aber die Darstellung der Musik, besonders die Mittelgruppe. Die Sängerin in dem schillernden Gewande und der Harfenspieler nicht minder tragen so völlig das Gepräge der Idealtypen des Perugino selbst, dass man anderswo keinen Augenblick zweifeln würde, sie mit seinem Namen zu nennen. Dagegen müssen wir die Gruppe rechts bei der Astrologie, und die meisten Figuren der Arithmetica, als Eigentum Pinturicchio's anerkennen, obgleich sie etwas befremden. Die älteren Männer haben fast alle auffallend strenge Züge, stark gebogene Adlernasen, krallende Finger, als ob es die Absicht gewesen, geizige Rechenkünstler zu schildern. Manches an den beiden dem Thron zunächst sitzenden Figuren weist auf Gewohnheiten, die wir in den Fragmenten der Grammatica fanden.

Auch Crowe und Cavalcaselle bemerken hier und da Züge von Perugino. Sie heben hervor, dass der Kopf der Rhetorik an die aus dem Haag in den Louvre gekommene

---

Madonna erinnert. „Die Musik hat sehr verfeinerte Formen; zwei auf den Thronstufen spielende Knaben, sowie andere ähnlich beschäftigte auf der benachbarten Darstellung, — ebenso ein bärtiger, in flatterndem Mantel gehüllter Mann, sind schöne perugineske Erfindungen." Von der Musica heisst es: „Dieses Wandbild allein könnte zum Beweis dienen, dass Pinturicchio dem Perugino bei seinem Fresko aus der Geschichte Mosis in der Sixtina zur Hand gegangen ist." (IV, 277 u. Anm. 21.)

Wir haben unsererseits versucht den Anteil des Pinturicchio an der Reise Mosis und der Taufe Christi genauer auszuscheiden, wir erachten es auch hier für notwendig, auseinander zu halten, was der aufmerksame Beobachter bei so inniger Gemeinschaft zu sondern vermag.

Nach der eingehenden Prüfung der Fresken in der Bufalinicapelle von Aracoeli, und des soeben beschriebenen Zimmers, wo die Arbeiten Pinturicchio's so vollkommen dem Geist seiner früheren Leistungen wie den besten Werken der folgenden Jahre entsprechen, ist es unmöglich angesichts dieser Darstellungen, „welche sämmtlich in höherem Kunstgeschmack vorgetragen sind", an dem Glauben festzuhalten, dass wir nur einen und denselben Meister vor uns haben. „Viele der Köpfe sind in der Wahl des Typus sehr glücklich, die Gewänder oft von bedeutendem Zug", sagen Crowe und Cavalcaselle und wollen nichts destoweniger in den meisten Teilen den Schüler des Fiorenzo erkennen. Wie aber, wenn die Typen der göttlichen Frauen, denen wir hier begegnen, in den übrigen unbezweifelten Werken des Pinturicchio überhaupt nicht zu finden sind, wenn sie vielmehr mit den Tugenden und Sibyllen im Cambio zu Perugia, d. h. mit den Idealtypen des Perugino übereinstimmen?

Zwischen der Entstehung des Appartamento Borgia und des Freskenschmuckes der Wechslerhalle zu Perugia liegen allerdings wichtige Jahre für Pietro Vannucci, in denen er im Wetteifer mit den besten Kräften zu Florenz die Meisterwerke seines Lebens schuf; aber wir besitzen Beispiele seiner Kunst, die dem Zeitpunkt näher liegen, an dem wir uns hier befinden. Das sechsteilige Altarbild in der Villa Albani vom Jahre 1491, die Erscheinung der Madonna beim hl. Bernhard, die, ursprünglich in der Kirche Sto. Spirito zu Florenz, sich jetzt in der Pinakothek zu München befindet, vom Ende des Jahres 1492, und die beiden 1493 datirten Werke, die Madonna mit vier Heiligen in Wien und die schöne Tafel in der Tribuna der Uffizien, dürfen und müssen den Prüfstein dafür bilden, ob in der täuschenden Legirung, die uns hier geboten wird, nicht auch reines Gold Perugino's vorhanden sei.

In der Tat können nun dem vergleichenden Auge, wie bereits erwähnt, überraschende Aehnlichkeiten nicht entgehen. Sie erstrecken sich nicht blos auf die Zeichnung, die Wahl der Typen und die Motive der Gewandung, sondern auch, soweit dies zwischen Tafelbildern und Fresken möglich, auf technische Eigentümlichkeiten der Malerei selbst. Am auffallendsten ist wol der rötliche Ton, der auf die Höhe der Wangen, Nase und Stirn gelegt worden, besonders an dem Kopf der Rettorica und der Musica.

Die Fresken, welche Pietro Perugino grade damals im Palast des Cardinals Giuliano della Rovere in Ostia ausgeführt, sind leider gänzlich untergegangen; aber auch so kommt man zu dem Resultat, dass die Gestalten in diesem Borgiazimmer, welche unverkennbar die Physiognomie seiner Schöpfungen tragen, durchaus dem Stil entsprechen, den wir nach den erhaltenen Beispielen erwarten dürfen. Noch am 2. Juni 1492 schreibt der Cardinal an die Orvietaner, sie möchten sich wegen Pietro's gedulden, da er in wenig Monaten für sie zum Malen bereit sei. Dann kam der Tod Innocenz' VIII., das Conclave und die Wahl Alexanders VI. dazwischen, und endlich ein offener Bruch zwischen dem neuen Papst und Cardinal Giuliano, der im December heimlich von Rom in seine Burg zu Ostia

7

entwich. In so heikler Lage, in der Rovere jeden Augenblick an die Flucht nach Frankreich dachte, wird er keine neuen Aufträge für Perugino gehabt haben, als die Fresken fertig waren, die den Meister von Orvieto zurückhielten. Erst im Spätherbst 1492 beginnt er zu Florenz das herrliche Fresko im Kloster del Cestello. Inzwischen mochte er gern die Gelegenheit benutzen, für den reichen Borja zu malen, selbst wenn der Papst die Oberleitung des Ganzen dem bevorzugten Pinturicchio übertragen hatte, und dem Günstling seines Gegners Rovere nicht directe Aufträge zu geben geneigt war.

So wenigstens müssen wir schliessen, so lange wir keinen solchen täuschend ähnlichen Schüler kennen, der gewisse, uns vom Cambio her ganz geläufige Charakterfiguren bereits um diese Zeit dem Meister selbst gleichsam vorausgenommen. Freilich kommt die Chronologie dieser Jahre Perugino's ohnehin ins Gedränge; aber wir würden es immer noch vorziehen, im Gegensatz zu Pinturicchio den bekannten Namen selbst auszusprechen, als an seiner Statt etwa einen Schüler zu construiren, wie Vasari's Ingegno.

Nun aber drängt sich noch ein Gemälde zur Vergleichung auf, jenes Rundbild mit der thronenden Madonna, zwei Engeln und zwei weiblichen Heiligen, das aus dem Haag in den Louvre gekommen [1]).

Crowe und Cavalcaselle heben die Aehnlichkeit dieser Madonna mit der Rhetorik hier auf dem Fresko hervor. Gewiss ist sie vorhanden, und die weiblichen Heiligen sind den andern allegorischen Frauen verwandt. Wie stimmt jedoch dazu die Meinung derselben Forscher, dass wir in diesem Gemälde eines der frühesten Werke Perugino's zu erkennen haben? Wie sollte gerade zwischen zwei zeitlich so weit getrennten Malereien eine so auffallende Uebereinstimmung obwalten? In der Tat das einzige Merkmal, das die frühe Datirung der Tafel motivirt, wäre die Temperatechnik, in der sie gemalt ist. Sonst deuten meines Erachtens alle Anzeichen vielmehr auf eine weiter entwickelte Stufe der Kunst, auf Fortschritte, welche vom Stil des Cinquecento unzertrennlich scheinen. Die gesättigten leuchtenden Farben der Gewänder sind in strenger Harmonie verteilt und kehren regelmässig wieder, der symmetrischen Anordnung der Gestalten entsprechend. Diese Farben selbst gehören einer Scala an, die in den Bildern eines Fiorenzo di Lorenzo oder Buonfigli noch nirgends vorkommt; diese Gewänder der stehenden Figuren zeigen bereits die ganze Vollendung des Arrangements, wie jene im Cambio zu Perugia, selbst die kurzen Röcke unter denen die nackten Füsse vom Knöchel ab hervorsehen. Dorthin weisen auch die Typen, Haarschmuck und Perlenzier, während die Zeichnung und Modellirung, der Hände und Füsse besonders, die Kenntniss und Sicherheit eines Meisters in seiner Reife, nicht die ängstliche Sorgfalt eines Anfängers, sondern eher die Nachlässigkeit der Routine verrät. Diese Gestalten waren erst möglich, nachdem Verrocchio die Vorbilder dazu geschaffen, nachdem Perugino im Atelier des Florentiners seine besten Kräfte angestrengt, sich diese Vorteile zu eigen zu machen; sie stehen an der Schwelle des sechzehnten Jahrhunderts, auf dessen freieren Geschmack auch die Einführung der kräftigen Brüstungsmauer statt des altertümlichen Gehäuses, und die wundervolle Landschaft hinweist, der zu Liebe die fromme Gewohnheit der Provinzialstadt verlassen wird. Seltsam freilich erscheint in dieser Umgebung die ungeschickte, alles Schwungs entbehrende Madonna. Der ganze Körper ist kleinlich aufgefasst, eckig bewegt; der Mantel, der die Beine umhüllt, ängstlich zurechtgelegt, nach der Methode Pinturicchio's behandelt; selbst der Kopf mit dem zugespitzten Mund und Kinn, den fein gezirkelten Brauen, hat Schwächen, die ich dem Meister Pietro selbst nicht zumuten möchte. Ueberhaupt vermag ich in dem

---

[1]) Nr. 426. Braun Nr. 67. Phot. Ges. 40.

vielgerühmten Tafelbild nichts als ein Atelierwerk zu erkennen, dessen Ausführung vorwiegend freilich der Hand eines täuschenden Nachahmers, aber doch eines Schülers gehört, jedenfalls aber frühestens um 1500 anzusetzen ist. Auch die Temperatechnik ist dann kein Hinderniss mehr, da sie in den Werkstätten Perugia's noch lange geübt wird, ja die überlegene Vollendung, in der sie hier auftritt, die leuchtende Klarheit der tiefgrünen und violetten Tinten findet erst dann ihre rechte Erklärung.

Vorausgesetzt, dass man diese Bedenken gegen Crowe und Cavalcaselle's Meinung berechtigt fände, würden wir aufs Neue, wenn auch auf ganz anderem Wege, mit der Existenz jenes Schülers behelligt, der hier bis heute für Perugino selbst, in unseren Fresken des Trivium und Quadrivium für Pinturicchio angesehen werden konnte. Die Verwechslung mit dem letzteren haben wir aufgedeckt und hoffentlich beseitigt, die genaue Abrechnung mit seinem Lehrherrn muss weiteren Forschungen überlassen bleiben.

Sala delle Miscellanee.

Der Lage, Gestalt und decorativen Einteilung dieses Zimmers der freien Künste correspondiren die des gegenüber, auf der andern Seite des Mittelsaals, anstossenden Gemachs, das den Namen Sala delle Miscellanee und die Nummer X innerhalb der Bibliotheksräume führt.

Geht man noch einmal an dem grossen Hauptbilde der Disputation Katharina's von Alexandrien vorüber und tritt mit dem frischen Eindruck der eigenhändigen Arbeit Pinturicchio's den biblischen Darstellungen der dritten Stanza gegenüber, so kann dem Auge des Forschers die Verschiedenheit dieser Malerei nicht entgehen.

Wol mögen die Gleichmässigkeit der Ausführung und die geistige Verwandtschaft im Ganzen eine Weile darüber täuschen; aber auch diese halten nicht lange Stand. Es drängen sich bald allerlei Abweichungen unter diesen Gebilden auf, sowol zwischen dem Schmuck der Decken und der Wände, als zwischen den Propheten unter sich und den Scenen aus dem Leben der Jungfrau und des Erlösers, ja zwischen den Gruppen und einzelnen Figuren einer und derselben Darstellung.

Man sieht nach kurzer Betrachtung ein, dass hier nur mit radicalem Verfahren durchzukommen ist, dass hier eine ganze Reihe verschieden ausgebildeter Hände unter der ausgleichenden Führung des umbrischen Meisters gewirkt haben muss.

Selbst an der bestbeleuchteten Wand, dem Fenster gegenüber, erkennen wir nicht, wie man erwarten sollte, eine vorwiegende Teilnahme Pinturicchio's.

Die linke Hälfte des Bogenfeldes nimmt die Lünette mit der Verkündigung ein. Rechts kniet Maria, links der Engel; zwischen beiden steht eine Vase mit Rosen. Im Hintergrunde erhebt sich eine dreiteilige Architektur: in der Mitte zwischen zwei Seitenthüren, hinter deren Vorhang sich die Perspektive in anstossende Gemächer öffnet, mündet zwischen reichverzierten Pfeilern ein langer Gang mit cassettirtem Tonnengewölbe, dessen Rundbogen vorn in einen viereckigen Aufsatz mit Giebeldach einschneidet. Durch dies Portal schwebt die Halbfigur Gottvaters im Cherubkranz herein und sendet die Taube zur Gebenedeiten.

Die ganze Scene hat etwas Altfränkisches in der Auffassung. Das äussert sich auch in dem Anzug der Figuren, besonders des Engels Gabriel; das Knie der Madonna liegt auf fächerförmig gelegten und glatt am Boden ausgebreiteten Falten, wie wir sie bei

Fra Filippo so vielfach sehen. Die Wahl der Farben verrät die Gebundenheit des Meisters in der Scala der althergebrachten Temperatechnik, und die stumpfen schwärzlichen Schatten, die harten Linien zur Bezeichnung der inneren Gesichtsteile, der grauliche Ton des Incarnats mit der Carminröte auf den Wangen enthalten ebensoviel Abweichungen von Pinturicchio's Weise. Das geht selbst über Fiorenzo di Lorenzo zurück, auf den man zunächst der Typen wegen verfallen könnte. Die Umgebung der beiden Hauptfiguren, die noch umbrisch gedacht und gegeben sind, schon Gottvater und vollends die decorative Ausstattung zeigt nicht blos umbrische Zierlichkeit, weder die Klarheit und Eleganz der toskanischen, noch die Schlankheit der sienesischen Formen, sondern einen Beigeschmack der kleinbürgerlichen Phantasie eines Lombarden.

Die andere Hälfte des Bogenfeldes, rechts von dem Zwickel, in dem das Wappen des Papstes von drei Engeln gehalten, gleichwie im ersten Zimmer, prangt, ist der Geburt Christi gewidmet. Rechts kniet Maria vor dem Kinde, das gegen ein Strohbündel gelehnt auf einem rosa Tuch am Boden liegt; links beugt Joseph ein Knie, indem er sich auf einen Stab stützt. Weiter zurück knien nach der Mitte zu zwei anbetende Engel, daneben schauen Ochs und Esel neugierig über die Hürde vor dem ärmlichen Gebäude, über dessen Seitenwand zwei Hirten hereingucken. Ueber dem Strohdach schweben drei lobsingende Engel. Im Hintergrunde erhebt sich links eine Felspartie, während in der Mitte unter den Bäumen der anmutigen Landschaft ein Hirt gen Himmel schaut, wo ein Engel ihm die frohe Botschaft verkündet [1].

Die Disposition der Darstellung entspricht dem Verfahren des Pinturicchio; die Ausführung aber zeigt zwei verschiedene Hände. Die Madonna und das Kind sind umbrisch und stimmen mit den Hauptpersonen der Verkündigung überein; Joseph dagegen, die knieenden Engel nebst Ochs und Esel, sowie besonders die Lobsänger über dem Dache, gehören einem Gehülfen, der nichts von perusischer Formgebung und Technik angenommen hat. Kopfbildung und Faltengebung bei den musicirenden Engeln und dem weissgekleideten Genossen unten lassen vielmehr einen Ausläufer der Schule Botticelli's erkennen, und zwar in einer bestimmten durch Piero di Cosimo ausgebildeten [2]) Modification, die an verschiedenen Provinzialarbeiten in der Gegend zwischen Empoli, Lucca und Pisa beobachtet werden kann und natürlich auch nach Siena gedrungen ist. Hier tritt sie am auffallendsten an einigen Bildern des Giacomo Pacchiarotto hervor, z. B. an den starkbewegten Engeln der Himmelfahrt Christi (in der Akademie), wo die älteren Jünger wiederum dem Joseph in unserer Anbetung verwandt sind. Der fahle aschgraue Ton, durch den die Farbe des hier eintretenden Gehülfen gegen die umbrische Freskotechnik abfällt, ist ausserdem den angedeuteten Beispielen gemeinsam.

An der Seitenwand rechts folgt dann zunächst die Anbetung der Könige. Vor einer abgebrochenen Pfeilerarcade, durch die man in die dürftig hergerichtete Zufluchtsstatt der heiligen Familie blickt, sitzt Maria mit dem Kinde, das auf ihrem Schoosse stehend den Segen erteilt, während der alte Joseph auf seinen Stab gestützt in andächtiger Haltung zuschaut. Der älteste der Könige, in reichem Brokatgewand, kniet barhäuptig vor dem Kinde mit huldigend bekennender Gebärde, hinter ihm beugt auch der zweite das Knie, der bedeckten Hauptes seine Gabe bereit hält. Zwischen beiden weiter zurück steht der Jüngste in herkömmlicher Pose sein goldenes Gefäss emporhebend, ohne weitere Beziehung zum neugeborenen Heiland. Hinter den Königen schliesst sich

---

[1]) Pistolesi, Tav. XXII.
[2]) Vgl. auch den Raub der Sabinerinnen und den Kindermord im Pal. Colonna zu Rom; andrerseits die Engel auf der fälschlich Castagno zugemuteten Pietà zu Berlin.

das Gefolge an, teils stehend, teils auf den Knieen, rechts und im Hintergrunde die Reit-
knechte mit den Pferden am Zügel. Am Himmel schweben zwei Engel anbetend gegen
einander über [1]).

Hier weicht das ganze Arrangement der Darstellung von der umbrischen Gewohnheit ab und erinnert bereits an die Ausführlichkeit oberitalienischer Meister des Cinquecento. In der Ausführung nähert sich die linke Seite dem Hintergrunde des Verkündigungs-
bildes, und wiederum weist der Stil der Arcaden, deren Bögen ohne Bindeglied aus den
Pfeilern aufsteigen, auf lombardische Backsteinbauten hin; die rechte Seite hat manches
Gemeinsame mit dem Abkömmling des Piero di Cosimo-Botticelli, dessen toskanische
Herkunft wir auch an den Engeln bei Christi Geburt bemerkten.

Der Stützbogen, der das Gemach durchschneidet, trennt diese Anbetung der Könige
von der Auferstehung Christi, die sich in der andern Lünette derselben Wand, über der
Eingangsthür befindet. In der Mitte einer sanft hügeligen Landschaft steht der Sarkophag
mit abgeschobenem Deckel; darüber in goldpunktirter Mandorla schwebt Christus in
weissem Mantel mit dem Kreuzbanner in der Linken, die Rechte erhoben, rings von
Cherubköpfen umflattert. Am Sarkophag lehnt rechts ein schlafender Wächter auf seinen
Schild gestützt, weiter hinten erhebt sich ein anderer, wie zur Flucht, streckt staunend
die Hand empor und starrt mit geöffnetem Munde nach rechts hinaus, wo aus dem
Hintergrunde ein Weib mit einem Kinde auf dem Arm und einem andern an der Hand
von einer Felspartie herabeilt. Ein dritter Wächter schaut hinter dem Sarkophag herauf,
so dass sein Kopf in starker Verkürzung vom Kinn aus gesehen wird. Vorn rechts
beugt ein vornehmer Jüngling in reichem Panzerhemd, eine grosse Hellebarde vor sich
haltend, mehr als Verehrer, denn als Wächter, sein Knie, wendet aber den blondlockigen
Kopf zum Beschauer heraus; denn es galt offenbar, den schönen Knaben zu porträtiren.
Links kniet entblössten Hauptes, mit der Tiara neben sich, in vollem Ornat der betende
Papst, unverkennbar Alexander VI. selbst.

Die vortreffliche Porträtfigur offenbart auf den ersten Blick die geübte Hand des
Meisters Pinturicchio, und macht seinem künstlerischen Vermögen alle Ehre. Hier musste
er sich offenbar zusammennehmen; aber es ist auch nur bei dieser einen Gestalt geschehen.
Schon die Wächter und der blonde Jüngling rechts zeigen vorwiegend den Geschmack
des geschickten Schülers, der den Osirismythos an der Decke des anderen Zimmers
gemalt hat. Selbst die Erscheinung des auferstandenen Christus zeigt unverhohlen, dass
sich Pinturicchio wenig darum gekümmert. Die unschöne Aktfigur ist freilich wol nach
einer Vorlage des Meisters entstanden, und zwar nach jenem schmächtigen Christus in
der Glorie, an der Altarwand der Cappella Bufalini; aber schon im Typus des Kopfes
verrät sich gar nichts mehr von umbrischer Herkunft. Die schweren Falten des blau-
gefütterten Mantels, die Formgebung der nackten Teile und die malerische Technik setzen
die Mitwirkung eines ganz fremden Gehülfen ausser Zweifel. Die Gesichtszüge dieses
Erlösers, mit gelbblondem Haar und Bart, die hellrosa Carnation und der Wurf des Gewandes, das, wie ein Segel gebläht, in vollen Parallelfalten herunterfällt und kurz vor
dem Saum wieder aufgehoben aus einander weht, weist mit Bestimmtheit auf einen
Lombarden.

Noch stärker und speziell mailändischer äussert sich dieser Geschmack in der Himmelfahrt Christi, welche die ganze Breite an der Fensterwand einnimmt. Die Scene geht in
weit ausgedehnter Landschaft vor: ansteigende Hügel und Felspartieen umgeben ein Tal

---

[1]) Pistolesi. Tav. XXIII.

mit einem See in der Mitte. Vorn, wo der Fensterbogen einschneidet, über einer Anhöhe schwebt Christus in irisfarbener Mandorla ruhig emporgetragen; er erhebt die Rechte segnend, während die Linke den ziemlich plattanliegenden weissen Mantel über der hellvioletten Tunica festhält. Ringsum fliegen Cherubköpfe, zu beiden Seiten je ein Engel, anbetend auf den Wolken knieend. Unten rechts und links sind die Angehörigen in zwei getrennten Gruppen versammelt. Links kniet Maria im Gebet, neben ihr steht Jakobus mit dem Stab; es folgt ein stehender Jünger, dahinter ein knieender und wieder zwei stehende am Ende. Rechts am Hügel steht Johannes mit gefalteten Händen, neben ihm weiter zurück ein bärtiger Genosse. Dann folgt Petrus mit einem jüngeren; weiter rechts kniet wieder ein Anderer vorn, hinter ihm stehen ein Jüngling und ein Greis.

Schon die lockere, streng auf die biblischen Personen beschränkte Composition erscheint als fremdartig gegenüber der Darstellungsweise des umbrischen Historienmalers. Unverkennbar hat Melozzo's grosse Himmelfahrt Christi in Sti. Apostoli auf die Anordnung eingewirkt; aber das gewaltige Vorbild wurde nicht allein aus übermenschlichen Dimensionen in kleinen Massstab übersetzt, sondern auch die ganze Auffassung herabgestimmt, Ausdruck und Charakter der Figuren nach dem Zuschnitt einer andern Provinz verändert, ja die Gebärdensprache in einen bestimmten lombardischen Dialect übertragen.

Leider hat grade dies Fresko durch Feuchtigkeit und Uebermalung so vielfach gelitten, dass ein Urteil über die ausführenden Hände nur teilweise sicher geht. Besonders links ist die untere Hälfte arg zerstört; doch darf gesagt werden, dass die Köpfe und Gewänder hier mehr an die Art des Bernardino Fungai von Siena gemahnen. Drüben dagegen bekundet Zeichnung, Ausdruck und Bewegung, Faltengebung und Beleuchtung ebenso wie die Farbe selbst einen Schulverwandten des Bartolommeo Suardi, genannt Bramantino, jedenfalls einen Mailänder. Seine Köpfe, die zum Teil direct auf Luini und Cesare da Sesto vorausdeuten, haben scharfbeleuchtete geschwollene Augenlider, krauslockige Haare, die Stellung der Finger hat etwas Gespreiztes, Kralliges; die scharfkantigen unruhigen Falten, oft wie dreieckige Beulen eingedrückt, geben der Gewandung den Anschein, als ob sie aus Glanzpapier oder Blech wäre, und die Beleuchtung von der Seite, von unten und mit vielen Reflexlichtern, vermehrt noch dieses metallische Aussehen.

Der nämliche mailändische Gehülfe scheint auch grossen Anteil an der nächsten Darstellung über der Ausgangsthür gehabt zu haben. Auch sie ist indessen von Zeit und Menschenhänden stark mitgenommen. Merkwürdiger Weise geschieht hier die Ausgiessung des heiligen Geistes, dem Bibeltext widersprechend, im Freien. In einer mit Palme, Cypresse, durch die Luft schiessenden Vögeln und dergleichen Requisiten Pinturicchio's ausgestatteten Landschaft kniet in der Mitte Maria mit gefalteten Händen, den Blick andächtig nach oben gerichtet, wo in einer Glorie paarweis und zu dreien vereinter Cherubköpfe die Taube des heiligen Geistes erscheint. Vorn in der Ecke rechts kniet Petrus, hinter ihm stehen in schräger Linie vier andere Jünger, hinter denen rechts noch ein fünfter herüber schaut. Links kniet, der Jungfrau näher, ebenfalls ein bärtiger Genosse, während Jakobus mit dem Stab rechts neben ihm steht, hinter ihnen in zweiter Reihe vier andere, unter denen ein Jugendlicher — wol Johannes — die Hauptstelle neben Maria einnimmt [1].

Die linke Seite und einzelne Personen rechts sind wieder lombardisch und entsprechen, soweit die Zerstörung nicht jedes Urteil abschneidet, den Gestalten der rechten

---

[1] Pistolesi, Tav. XXI.

Hälfte des vorher besprochenen Fresko [1]). Anderes dazwischen weist dagegen auf die sienesischen Mitarbeiter in der Art des Bernardino Fungai und des Giacomo Pacchiarotto.

Hinter dem stützenden Bogen endlich folgt die Himmelfahrt Mariae. In der Mitte einer vortrefflich gelungenen Landschaft mit einem See steht der Sarkophag, aus dem Rosen emporspriessen. Darüber schwebt in einer Mandorla von Cherubköpfen die sitzende Madonna in weissem Mantel. Cherubim flattern zur Höhe hinauf; zwei Engel halten eine Krone über ihrem Haupte, während zur Seite je zwei andere auf Triangel und Guitarre, Cymbel und Geige musiciren. Unten links kniet Thomas, emporschauend, mit dem Gürtel der Jungfrau in den betend gefalteten Händen; rechts die Bildnissfigur eines Cardinals in Verehrung. Die Composition und Auffassung dieses Bildes ist umbrisch und entspricht dem Pinturicchio; ja das Porträt des etwa dreissigjährigen Cardinals könnte von seiner eigenen Hand herrühren und muss als eines der besten Stücke in diesem Zimmer bezeichnet werden [2]). Auch die Ausführung der übrigen Gestalten verrät einen wolgeübten Schüler, der nach dem Thomas und den Engeln oben rechts sogar dem Perugino näher steht als dem leitenden Meister. Doch hat besonders der obere Teil zu sehr gelitten.

Nach alledem werden wir die Hand des Pinturicchio an der Decke des Zimmers gewiss nicht mehr erwarten. In der Tat zeigen die perspektivisch behandelten Rundöffnungen mit den Propheten darin durchgehends einen altertümlicheren unfreien Stil, unter sich aber wiederum mancherlei Verschiedenheit. Die Köpfe jenseits des Bogens stehen dem Geschmack des Fiorenzo di Lorenzo näher, die der vorderen Abteilung dagegen haben entschieden sienesisches Gepräge. Malachias und Sophonias besonders erinnern an Typen des Bernardino Fungai; in der ganzen Behandlung der sehr fein berechneten und sorgfältig ausgeführten Decoration, besonders in der Wiedergabe des Metallglanzes der Bronzeornamente auf blauem Grunde, verrät sich unverkennbar ein Schüler des Lorenzo Vecchietta. Die Zeichnung der Figuren, speziell der Sophonias, weist uns aber auf Eigentümlichkeiten hin, denen wir in den Zimmern der eigentlichen Torre Borgia begegnen, wie denn die Decoration der Fensterwölbung hier unzweifelhaft von derselben Hand herrührt, welche die Cassettendecke des kleinen Turmgemaches gemalt hat.

Bevor wir indessen zu diesem letzten Teil des Appartamento Borgia hinüber gehen, muss doch das auffallende Resultat unserer Prüfung in diesem Zimmer so weit wie möglich erklärt werden. Während Crowe und Cavalcaselle nur in der Himmelfahrt Christi Schülerhände erkennen, vermochten wir von allen Darstellungen fast nur die Porträtfiguren des Papstes und jenes, ihm freilich nicht ähnlichen, aber jedenfalls nahe stehenden, Cardinals dem Pinturicchio selbst zu vindiciren. Diese geringe Teilnahme des Meisters erscheint sehr begreiflich, wenn wir die Kürze der Frist bedenken, in der diese Malereien ausgeführt sein müssen; sie wird fast selbstverständlich durch die urkundliche Nachricht, dass Pinturicchio, offenbar heimlich, von seiner Arbeit im Vatican nach Orvieto entwichen war und im März 1494 durch ein päpstliches Schreiben zurückgerufen werden musste. Wann die Orvietaner, der Aufforderung Alexanders gehorchend, ihn wieder nach Rom entlassen, ist uns nicht überliefert, wol aber enthält der malerische Schmuck der beiden Zimmer des Borgiaturmes die Jahreszahl 1494, und wir wundern uns nicht, auch hier von der Hand des Entrepreneurs keine Spur zu finden.

Ja noch mehr. Während in diesem Zimmer verschiedene Gehülfen nach seiner

---

[1]) Hier und da ist die Aehnlichkeit mit den Fresken der Capelle Basso-Rovere in Sta. M. del Popolo sehr gross.

[2]) Es ist wol der damalige Schatzmeister Francisco Borja, ein Sohn Calixt's III., vgl. S. 9.

Angabe mit- und durcheinander gearbeitet haben, so dass es schwer fällt, ihre Eigenart und den Anteil jedes Einzelnen herauszusondern, scheint in den Turmgemächern das Ganze **einem Vertreter** überlassen zu sein. Stellte sich bis jetzt mit der Abhängigkeit zugleich die Unwahrscheinlichkeit persönlich ausgebildete Kräfte zu finden jedem Versuch bestimmter Namengebung von vornherein entgegen, so verspricht dort dagegen das selbständige Auftreten und die zusammenhängende Leistung genug Indicien, um auf eine bestimmte Person zu fahnden.

Auch hier jedoch bleibt die Erkenntniss spezifisch lombardischer Elemente neben anderen, deren Auftreten in Rom weniger auffällt, wichtig genug, zumal da die archivalischen Forschungen zu dem entgegengesetzten Resultat gekommen sind [1]). Und was sich hier dem Auge des kritischen Beschauers überraschend offenbart, das findet seine volle Bestätigung, wenn man frei von jedem Localpatriotismus die Kunststätten der Lombardei durchwandert. So wenig wir als Zufall hinnehmen möchten, dass uns Ambrogio Borgognone's würdige Heiligengestalten so häufig an Giovanni Santi gemahnen, so wenig **kann eine Reihe ganz** bestimmter Werke nach ihm aus rein oberitalienischen Elementen erklärt werden, wie man wol möchte. Kommt man von Rom und Umbrien nach Pavia, so begrüsst man beim Besuch der Certosa die bunten Fresken an dem Eingangsportal der Vorhalle als wolbekannte Erscheinung. Nicht Perugino's schönes Altarbild, dessen Reste in der Kirche noch heut die ausgedehnte Wirksamkeit dieses Hauptmeisters bezeugen, hat hier zur Nachahmung angeregt: es ist speziell die Schulung Pinturicchio's, die sich in diesen Gestalten sowol, wie in der Färbung ausspricht. Macrino d'Alba zeigt in dem Gemälde der Certosa selbst, dass er in Gewandbehandlung, wie im Ausdruck nicht ohne diesen Einfluss geblieben; ja sein Bild im Städel'schen Institut zu Frankfurt (Nro. 19) beweist noch deutlicher, in der Wahl der Farben und deren Behandlung, im Costüm der Heiligen mit Turban, breitem Kragen und Aufschlägen an den Aermeln, in der Landschaft, der Decoration des Thrones, ja in den Typen, besonders Joseph und Joachim, die nahe Verwandtschaft mit Pinturicchio. Auf Soddoma's frühe Beziehung zu Pinturicchio in Rom ist an anderer Stelle hingewiesen [2]). Endlich in den Malereien der Empore von S. Maurizio zu Mailand: sind diese Idealtypen, die so viel Verwandtschaft mit denen des Bazzi und noch mehr des Peruzzi an der Stirne tragen, nicht gerade dadurch so merkwürdig, dass sich Lombardisches und Sienesisches hier auf dem Boden einer Durchschnittsbildung vereinigt, die jedem bekannt ist, der die Piccolominifresken der Libreria gesehen! Wer die Gemächer des Appartamento Borgia mit aufmerksamem Blick durchwandert, wird einen weit intimeren Zusammenhang herausfinden: Pinturicchio ist es, der diese Hülfskräfte zur Nachahmung seines Stiles heranzieht. Lombarden verrieten sich uns soeben in dem Mischwerke der Sala delle Miscellanee; wer sie sind, muss vorläufig dahingestellt bleiben. Nur an jenen Prospettivo Milanese depictore, der uns selbst in den Antiquarie prospetiche seinen Aufenthalt in Rom um 1494 beschreibt, mag hier erinnert werden. Daneben tauchen Sienesen auf, die wir selbständiger nun drüben in der Torre Borgia treffen.

---

[1]) Bertolotti, Artisti lombardi a Roma. Milano 1881. 8°. Vol. I, p. 28: „Nella pittura per quanto al secolo XV, in Roma la Lombardia non è rappresentata."

[2]) Jahrb. d. k. preuss. Kunstsammlungen II, pag. 143.

Torre Borgia.

Von der Sala del Trivio e Quadrivio steigt man auf einigen Stufen zu den Gemächern des viereckigen Turmes hinauf, den Alexander VI. von Grund auf errichtet hat. Der Bau war, mag auch sofort nach der Thronbesteigung damit begonnen sein, gewiss nicht vor 1493/94 vollendet.

Das erste Zimmer, jetzt als *Sala VII detta dei Libri Tedeschi* bezeichnet, ist ein schmales längliches Rechteck, das durch seine beiden, an der einen Schmalseite und am selben Ende der einen Langseite angebrachten, Fenster nur schlecht erhellt wird. Die ursprüngliche Disposition des malerischen Schmuckes ist durch Einfügung eines stützenden Bogens in der Nähe unseres Eingangs entstellt worden, aber noch leicht erkennbar. An den beiden Längswänden bilden die einspringenden Gewölbzwickel der Decke je vier, an den beiden Schmalseiten je zwei Lünetten, in denen paarweis einander gegenüber, — ganz ähnlich wie im Pavillon des Belvedere — die Halbfiguren der zwölf Apostel und zwölf Propheten angebracht sind. Jeder trägt einen langen Bandstreifen mit Inschriften, der Apostel (links) einen Satz des Credo, der Prophet (rechts) seine entsprechende Weissagung. Das Credo beginnt mit S. Petrus über der ursprünglichen Eingangsthür des Turmes an der hintern Schmalwand gleich neben dem Durchgang in die Sala del Trivio e Quadrivio. In das Muldengewölbe, das auf diesen zwölf Spitzbögen ruht, stechen, da in den Ecken je zwei Lünetten zusammengefasst sind, acht Kappen ein. An der sphärischen Fläche hat der Meister in der Längenachse drei grosse Kreise geordnet mit vier kleinen links und rechts daneben, welche eigentlich in die Achsen der Stichkappen fallen sollen, bei der inneren Unregelmässigkeit der Decke jedoch nicht streng symmetrisch stehen. Der übrige zwischen den Stichgraten und je drei Kreisen ausgeschnittene Raum ergiebt unregelmässige sechsseitige Flächen. Diese Figuren verbindet er unter sich durch architektonisch charakterisirte Bänder, welche die Kreise umgebend sich verschlingen und kleinere ungleichförmige Compartimente übrig lassen, welche ihrerseits wieder im Innern mit architektonischer Gliederung umzogen, gleich den Kreisen wie Oeffnungen im Gewölbe behandelt sind. In dem mittleren grossen Kreise erblickt man in reicher Verzierung eine rechteckige Inschrifttafel mit den Worten:

ALEXSANDER
BORGIA
P.P. VI. FVNDAVIT.

in den beiden anderen das Wappen des Papstes von Strahlen umgeben; in den acht kleineren Kreisen sind abwechselnd heraldische Abzeichen seiner Familie angebracht. Ornamentale Füllstücke, grau in grau auf dunkelblauem Grunde, zieren die unregelmässigen Zwickelcompartimente; in dem mittleren der rechten Langseite steht die Jahreszahl

MCCCCLXXXXIIII.

Stichgrate und Lünettenrahmen sind mit zierlichen Grottesken, farbig auf goldenem oder schwarzem Grunde geschmückt, leider an den meisten Stellen übermalt. Durch Abreiben und Restauriren ist durchgehends der plastisch-architektonische Charakter verloren gegangen, in dem die Decoration der Decke ursprünglich gedacht war.

Dazu kam der Einbau des erwähnten Stützbogens, wobei auch zwei Lünettenbilder ausgesägt wurden, die sich jetzt im Vorzimmer der Bibliothek befinden. Diese sind verhältnissmässig gut erhalten und zuverlässig, während die stehengebliebenen Fresken manche Unbill erfahren haben. Hier können nur noch die Apostel über dem Fenster der Längswand, die Lünette zwischen beiden Fenstern und die beiden diagonal gegenüber liegenden als authentisch bezeichnet werden.

Dem Fenster der rechten Längswand gegenüber tritt man in das letzte fast quadratische Gemach des Appartamento, das gegenwärtig *Sala VI delle Storie* genannt wird.

Die cassettirte Decke mit runden und achteckigen Gliedern bildet einen viereckigen Spiegel über den von den Wänden herüber gewölbten Hohlkehlen, in welche je drei Lünetten mit ihren Stichkappen einschneiden. In den Kappen stehn Medaillons, deren vier in den Hauptachsen liegende mit Wappen geschmückt sind, während die Doppelkappen in den Ecken je zwei Runde mit kleinen figürlichen Darstellungen enthalten; zwischen Thür und Fenster rechts die Inschrift A. P. M. VI. und die verschmierte Jahreszahl 1494. In den Zwickeln sitzen fast regelmässige achteckige Rahmen, neben denen die übrigbleibenden Eckstücke mit Seetieren, grau auf blauem Grunde, ausgefüllt sind. In den Rahmen erblickt man die Planetengötter auf den Wolken und auf Erden bezügliche Scenen des menschlichen Lebens. Unter *Apollo* die Machthaber Papst und Kaiser thronend nebst König und Fürst, Cardinal und Bischof; unter *Venere* einen Liebesgarten, unter *Mercurio* Gelehrte mit Buch, Zirkel u. s. w.; unter *Luna* den Fischfang. Dann folgt die *Astrologia*, welche die Kenntniss des Einflusses dieser Planeten beherrscht, mit ihren Jüngern. Sodann *Saturno* mit einer Würgscene, bei der eine Nonne und ein Mönch, Bettler, Tagelöhner, kurz Elende und Gefangene gegenwärtig sind. Unter *Jove* dagegen entwickelt sich ritterliche Jagdlust, eine Falkenbeize u. dgl.; unter *Marte* sind die Fährlichkeiten des Krieges durch den Raub eines Weibes oder einen Kampf um ihren Besitz versinnlicht. — Wir befinden uns offenbar im Schlafgemach Alexanders VI., den hier jeder Tag an die waltenden Gestirne mahnte, und haben uns sein Lager an dem Punkte, von wo die Umschau auf alle möglich ist, gerade unter der Astrologia zu denken.

Unter diesen Planetenbildchen, in den zwölf Lünetten, stehen einander je zwei Halbfiguren, ein Prophet und eine Sibylle im Gespräch gegenüber, die gleich denen im anstossenden Zimmer lange Bandstreifen tragen, worauf ihr Name und ein Spruch verzeichnet sind. Manche sind fast ganz übermalt oder abgeblättert; von der Thür aus, durch die wir eingetreten — ursprünglich der einzigen — folgen links herum:

AGEVS - CVMANA | AMOS - HEVROPEA | HIEREMIAS - AGI(PTIACA) |
BARVC - SAMIA | (—) - PERSIA | ABDILE - LIBI(CA) |
ISAIAS - ELESPONTICA | MICHEAS - TIBVRTINA | EXECHIEL - CIMERIA |
IEREMIAS - PHIGIA | OSEA - DELPHICA | DANIEL - ERITEA |

Offenbar ist der ausführende Meister derselbe, dem der Hauptanteil an der Decke des letzten Zimmers *delle Miscellanee*, gehört. Das beweisen nicht allein die übereinstimmenden Aeusserlichkeiten, die wir erwähnt, sondern vor Allem die Typen, die Anordnung und die Zeichnung dieser Sibyllen und Propheten. Alles spricht für die sienesische Herkunft dieses Malers. Der durch Querbande abgebundene Haarturban der Sibylla Phrygia, die Züge dieser und der Aegyptiaca weisen auf die Schule des Lorenzo Vecchietta und speziell auf Neroccio di Bartolommeo Landi. Dazu die Form der Hände mit ihren langen Fingern und deren Haltung, besonders charakteristisch in der Stellung von Daumen und rechtwinklig gekrümmtem Zeigefinger, ferner der Uebergang von Stirn und Nase, der Schnitt der Augen und sonstige Formgebung. Die Phrygische Sibylle, zu äusserst rechts an der Fensterseite, hat die Kopfform und die gedrehte Locke am Ohr gleich der allzuwenig bekannten Madonna des Baldassare Peruzzi in St. Ansano bei

Siena, der sie auch sonst im Typus verwandt ist, wie nicht minder die Delphica, Erythraea, die Libyca und Hellespontica.

In diesen Frauengestalten sprechen sich die sienesischen Elemente in der Kunst dieses Unbekannten und seine Herkunft von den nächsten Nachfolgern des Vecchietta am deutlichsten aus. Die Männerköpfe zeigen bereits, wie die Apostel und Propheten des andern Zimmers, bestimmte Beimischungen und zwar hauptsächlich zweierlei, die bald mehr, bald minder erkennbar hervortreten. Es ist zunächst das Studium des Domenico Ghirlandajo, an den uns nicht blos Gewandmotive und Auffassung der ernsten Gesichtszüge, sondern ganz bestimmt einige jugendliche Köpfe, besonders auf den abgesägten Lünetten im ersten Arbeitszimmer der Bibliothek erinnern, die besonders seinen Typen in San Gimignano verwandt sind. Anderes dagegen verrät bereits den Einfluss des Perugino und Pinturicchio.

Crowe und Cavalcaselle bemerken, dass man „mit gutem Grunde die Fresken des ersten Turmzimmers nicht in das Verzeichniss der Werke Pinturicchio's aufgenommen", während man die letzten „wol auch für Pinturicchio's Werk zu halten habe". In den allegorischen Bildern „des Tierkreises"(?)[1]) erkennen sie „sehr viel Aehnlichkeit mit Arbeiten des Peruzzi oder seiner Schüler". Dies letztere ist nun freilich nicht streng zu nehmen; denn Peruzzi war damals erst dreizehn Jahre alt, so dass schwerlich von ihm selbst, geschweige denn von seinen Schülern die Rede sein kann. Um so wichtiger ist die stilistische Diagnose. An Peruzzi wird man allerdings durchgehends lebhaft und trotz dem chronologischen Protest immer wieder erinnert, nicht blos in Einzelheiten der Zeichnung, der Körperformen und Bewegungen, sondern in dem ganzen Geschmack, in dem diese allegorischen Gestalten erfunden und vorgetragen sind. Zugleich aber treten uns besonders an den Propheten und Sibyllen des Schlafgemachs so bestimmte ältere Elemente der Schule von Siena entgegen, dass wir nicht sowol an einen Schüler Peruzzi's, als vielmehr an einen unmittelbaren Vorgänger denken müssten, von dem er wieder eine Anzahl hervorstechender Eigenheiten ererbte. Und in der Tat, wir brauchen nicht lange nach einer solchen Persönlichkeit zu suchen, welche, sonst freilich ganz unbekannt, gerade diese Merkmale, die wir vorfanden, notwendig verbunden haben muss. Vasari erzählt im Leben des Peruzzi von einem Maler Pietro von Volterra, der sich die meiste Zeit in Rom aufhielt und für Alexander VI. Einiges im Palast malte, das er nicht näher bezeichnet. Mit ihm sei Peruzzi von Volterra nach Rom gegangen und habe dort mit ihm gearbeitet[2]). Bei einem solchen Zusammentreffen aller Beziehungen, die sich im Stil der fraglichen Arbeit vereinigen, ist gewiss die Annahme gerechtfertigt, dass wir es hier mit dem Meister Piero d'Andrea aus Volterra, dem Lehrer des Peruzzi zu tun haben, — und dass es eben der malerische Schmuck dieser Zimmer des päpstlichen Palastes war, die er in Abwesenheit des Pinturicchio für Alexander VI. ausführte. Ein feiner Sinn für architektonische und vor Allem decorative Dinge offenbart sich in der Disposition der verschiedenen Decken bis in die Ausführung der Einzelheiten hinein. Hier, im rein Ornamentalen befriedigt der Meister vollständig, und seine Lösung der gestellten Aufgaben reiht sich unter die besten Leistungen der zierlich heitern Kunstweise der Sienesen ein, ja sie erscheint für die historische Entwicklung dieses Decorationsstiles als unentbehrliches Bindeglied, das den Uebergang ins Cinquecento vermittelt.

Unbedeutend und nicht einmal decorativ glücklich sind die kleinen Planetenbilder, in denen wir die Aehnlichkeit mit Peruzzi gerade am wenigsten herausfinden. Einiges scheint gar direct auf Vorlagen des Pinturicchio zurückzugehen, wie die Darstellungen

---

[1]) Die Inhaltsangabe der Malereien ist ungenau und die Zimmer zum Teil verwechselt.

[2]) Vasari, Opere IV, p. 591 u. Anm. 1. (Lemonnier VIII, 220.)

unter Apollo, Jove, Mercurio und die Astrologia, während Anderes in der Behandlung wenigstens, wie die Scene der Luna, Marte, Saturno an die Geschichten der Jo-Isis streift. Der echte Decorateur zeigt sich wieder in der Verwendung der füllenden Bandstreifen, die von den Händen seiner Sibyllen, Propheten und Apostel emporflattern, wie die leeren Stellen der Bogenfelder es fordern. Darin aber, wie in dem altmodischen Aufputz seiner Frauen, in den Bewegungen seiner Propheten und Apostel, in dem ganzen Gehaben seiner Gestalten, steckt wieder die Vorliebe für das Phantastische, Verschnörkelte, fast Barocke, das dieser Vecchietta-Schule anhaftet. Bei aller Assimilation an den umbrischen Hofmaler des Papstes behält dieser Volterraner doch seine sienesischen Provinzialismen.

So bliebe demnach, wenn wir dem Zeugniss des Vasari folgen, dass Alexander VI. dem Pinturicchio die malerische Ausstattung der ganzen Torre Borgia übertragen habe, für die eigenhändige Tätigkeit des Meisters nur die Privatcapelle des Papstes übrig, die sich im zweiten Stockwerk dieses Turmes befand. Leider ist die ursprüngliche Gestalt dieses Raumes verändert und seine Wände mit Fresken zur Verherrlichung Pius' IX. überzogen, also jede Vermutung über Inhalt und Ausführung abgeschnitten.

Die vergleichende Untersuchung des gesammten Freskenschmuckes im Appartamento Borgia hat wenigstens ein Resultat ergeben, das in mancher Beziehung mehr befriedigen muss, als die bisher geltende Ansicht.

Zunächst ist der Entstehung eines so ausgedehnten Werkes in so kurzer Zeit das Wunderbare genommen; es erscheint nicht mehr als die staunenswerte Leistung einer einzelnen Kraft, sondern als künstlerisches Unternehmen eines gewiegten Meisters, dem sich mancherlei ausführende Hände in grösserer oder geringerer Selbständigkeit unterordnen; selbst die Oberleitung des Ganzen wird nicht für alle Teile mit gleicher Gewissenhaftigkeit aufgefasst, und das Geschäftliche einer solchen Stellung überwiegt hier und da die sonstigen Interessen oder Pflichten der verantwortlichen Direction. Die einzelnen Fälle, die uns aus den Malereien selbst entgegengetreten, sprechen hinreichend und am besten für sich selbst; es bedarf keiner rechtlichen Auseinandersetzung. Nur eines ausdrücklichen Zeugnisses sei noch gedacht. Vasari erzählt im Leben des Torrigiano gelegentlich und ohne Absicht Pinturicchio zu verkleinern: „Andatosene dunque a Roma, dove allora faceva lavorare Alessandro VI Torre Borgia, vi fece il Torrigiano in compagnia d'altri maestri, molti lavori di stucchi." [1] Genug, dass die tatsächliche Erscheinung, einmal aufgezeigt, nicht geleugnet werden kann; das wird am sichersten zur sachgemässen Beurteilung derartiger Verhältnisse beitragen.

Jedenfalls muss es den Historiker beruhigen, dass ihm nicht mehr zugemutet wird, ein Conglomerat von so verschiedenartigen Bestandteilen wie diese Malereien des Appartamento Borgia als einheitliches Erzeugniss eines und desselben Künstlers hinzunehmen. Bis dahin erschien Pinturicchio hier als unheimlicher Proteus, dessen eigentliches Wesen nirgends zu fassen war, der nicht nur jeden Augenblick die Farbe wechselt und die Malweise verändert, sondern Gestalten, Formen und Bewegungen, Gesichtstypen und Ausdruck bald von Perugino, bald von Fiorenzo di Lorenzo, bald von Sienesen, bald von

---

[1] Vas. Opp. IV, 260.

Oberitalienern entlehnt. Solcher Anempfindung und Assimilation an verwandte und heterogene Geister ist nur ein völlig charakterloses Talent fähig, für das wir Pinturicchio denn doch nicht halten. Wir erkennen dagegen als seine eigene Arbeit nur einen bestimmten Teil dieses Ganzen, und finden ihn dort völlig in Uebereinstimmung mit sich selbst: was er in diesen Grenzen leistet, das reiht sich verständlich und natürlich dem Voraufgegangenen an, gleichsam als notwendige Entfaltung der Fähigkeiten und Eigenschaften, die an seinen früheren Werken zu beobachten sind.

Allem Uebrigen steht Pinturicchio nur als leitender Meister gegenüber, und hier sind, wie die Betrachtung des Einzelnen gelehrt hat, mannichfache Modalitäten möglich und erkennbar. Ein grosser Teil gehört ihm auch in der Zeichnung, noch mehr gewiss der Erfindung nach. Das Ganze muss jedenfalls als künstlerische Leistung seinem Namen verbleiben und verdient wegen der Gleichmässigkeit der Durchführung, wegen der sorgsamen Schulung und geschickten Verteilung der helfenden Hände, die dabei vorausgesetzt werden muss, alle Anerkennung.

Immer jedoch würde in unserer Beurteilung noch eine grosse Ungerechtigkeit liegen, wenn wir nicht hervorhöben, dass die Aufgabe, die hier an den Meister gestellt wurde, eine wesentlich decorative war. In allen diesen Räumen der päpstlichen Wohnung handelte es sich nur darum, die gewölbten Decken und die Spitzbogenfelder der Wände, soweit die herabgreifenden Zwickel reichen, mit malerischem Schmuck zu versehen. Die unteren Wandflächen, welche durch schwachvortretende Marmorgesimse von den Lünetten gesondert sind, wurden freigelassen, um gewirkte Tapeten davor aufzuhängen. Ueber Absicht und Wirkung der Malerei ist also ein richtiges Urteil nur möglich, wenn wir diese Ergänzung hinzudenken und die Decoration der Zimmer in ursprünglicher Vollständigkeit vorstellen. Nur in dem Haupt- und Mittelzimmer tritt die Malerei selbständiger auf; in den beiden anstossenden ist auch sie auf Teppichwirkung berechnet: das beweist der Goldgrund der Lünetten, der, zum Teil mit Stuccopünktchen aufgesetzt, das Aussehen breiter Goldfäden eines Gewebes nachahmt, und noch unverkennbarer der Zwickelausschnitt in der Rückwand mit dem von drei Engeln in einem Stuckrahmen gehaltenen Wappen des Papstes. Ohne Zweifel war Farbenstimmung und technische Behandlung der gemalten Darstellungen mit den Erzeugnissen der textilen Kunst in Einklang gebracht. Bernardino Pinturicchio zeigt sich überall in decorativen Dingen zu geschickt und geschmackvoll, als dass wir nicht eine wolberechnete Harmonie in dieser glänzenden Buntheit voraussetzen müssten.

Darnach aber verändert sich wesentlich der Standpunkt, den wir bei unserer Beurteilung seines Verfahrens sowol, wie des inneren Kunstwertes dieser Fresken einzunehmen haben. Sie gehören als Ganzes ohne Frage weniger in die Geschichte der monumentalen Wandmalerei, als in die der Decoration zusammenhängender Binnenräume.

V.

Die Malereien in der Engelsburg und die Ausbildung der Grotteskendecoration
1495—1498.

K aum war die Ausstattung der neuen Wohnräume für Alexander VI. im Vatican vollendet, so zog das lange drohende Gewitter von Frankreich her über ihn heran. Karl VIII. war in Italien hereingebrochen und rückte ungehindert gegen Süden vor. Am 17. November 1494 war er in Florenz und sandte seine Boten nach Rom, seinen Durchzug durch den Kirchenstaat zu verkünden. Der Papst, in höchster Besorgniss, aber wankelmütig von einem Entschluss zum andern überspringend, liess alles bewegliche Eigentum, alle Vorräte des Palastes und vieles Getreide in die Engelsburg schaffen, um die ein breiter Graben gezogen ward.

Als der König von Frankreich am Sylvesterabend wirklich an der Spitze seines Heeres durch die Porta Flaminia in die Stadt einritt, blieb Alexander im Vatican und begann zu unterhandeln. Aber die drohende Haltung des Feindes nötigte ihn, sich am 6. Januar 1495 ins Castel St. Angelo zurückzuziehen. Der König forderte die Uebergabe; der Papst verweigerte sie. Erst am 15. Januar kam ein Vertrag zu Stande.

Am Tage darauf kehrte Alexander in den Palast zurück, wo Karl ihn aufsuchte. Sie trafen im Garten zusammen ohne das hergebrachte Ceremoniel; ja beide waren unbedeckten Hauptes, und der Papst umarmte den König. In den nächsten Tagen folgten kirchliche Ceremonien und die ersten Massnahmen zur Erfüllung des Vertrags: die Unterzeichnung dieses Schriftstückes, die Huldigung für Neapel, die Auslieferung des Türkenprinzen Djem, die Cardinalscreirung des Philippe de Luxembourg, Bischofs von Le Mans und des Bischofs Guillaume von St. Malò, die feierliche Messe in St. Peter und die Prozession nach San Paolo.

Endlich am 29. Januar machte sich der König, begleitet von Cesare Borja und dem türkischen Prätendenten, auf den Weg nach Neapel.

Alexander atmete auf; aber so lange der Feind im Süden weilte, war an Ruhe nicht zu denken. Er sandte dem König die goldene Rose, unterhandelte mit ihm wegen der Investitur, dachte aber gleichzeitig an seinen Beitritt zum Bündniss des Lodovico Sforza, des Kaisers und Ferdinands des Katholischen. Kaum wandte sich Karl rückwärts nach Rom, so verliess der Papst die Stadt und entwich nach Orvieto und von da weiter nach Perugia, um dem Zug der Franzosen aus dem Wege zu gehn.

In dieser Zeit politischer Wirren und drohendster Gefahr konnten auch dem Hofmaler des Papstes in Rom keine Aufträge zu Teil werden. Erst unterm 1. December
1495 wurde in der apostolischen Kammer das anerkennende Schreiben für Pinturicchio
ausgefertigt [1]), das ihm als Belohnung für die Malereien des Appartamento Borgia zwei
kleine Landstückchen bei Chiugi, in der Nähe von Perugia, gegen mässige Pacht über-
wies. Von weiteren Arbeiten für Alexander VI. ist darin nicht die Rede.

In der Tat muss der Meister am Fortgang seiner römischen Tätigkeit zweifelnd in
die Heimat zurückgekehrt sein; denn wir finden ihn zu Anfang des Jahres 1496 in Perugia,
wo er am 14. Februar die Bestellung eines Altarstückes übernahm, das er binnen zwei
Jahren für das Kloster Sta. Maria fra Fossi zu liefern versprach. Die Ausführung
dieses Werkes kann ihm damals jedoch nicht dringend erschienen sein; jedenfalls liess er
es bei günstigeren Aussichten sehr bald liegen. Am 15. März bereits ist er in Orvieto,
wo ihm von der Dombehörde zwei Figuren von Kirchenvätern aufgetragen werden, die
er im grossen Chor der Kirche al fresco gemalt hat. Er scheint mehrere Monate, wenn
auch mit kurzen Unterbrechungen, dort gearbeitet zu haben; denn erst am 5. November
erhielt er die letzte Zahlung und wurde förmlich entlassen.

Von Allem, was er an verschiedenen Stellen im Dom gemalt haben muss, sind nur
spärliche und arg entstellte Reste übrig geblieben. „Ueberblickt man den Chor und
die Vierung, so tragen nur ein heiliger Gregor und einige Propheten und Engelfiguren
das Gepräge seiner Hand," — genauer ein S. Marcus und ein S. Gregor auf der einen
Seite der Fensterrose, als Gegenstücke der zerstörten S. Lucas und S. Ambrosius auf der
anderen, und ein Fries darüber [2]) — „und diese sind roh vorgetragen und von stumpfem
düsterem Tone, der nicht blos von späterer Unbill, sondern auch von ursprünglicher
Vernachlässigung herrührt" [3]).

Von Orvieto muss er sich nach Rom gewandt haben, um beim päpstlichen Hofe
wieder sein Glück zu versuchen; denn im Juli des folgenden Jahres war ein neuer Cyklus
historischer Darstellungen, eben jener fährlichen Geschichte Alexanders mit Karl VIII.
von Frankreich, in einem Turm der Engelsburg vollendet [4]). Alexander war es, der diese
Burg erst zur Festung umgeschaffen, indem er sie mit Mauern, Türmen, Wall und Gräben
umgab. Bei dieser Gelegenheit wurde die Colossalbüste Hadrians gefunden und über dem
neuen Eingang aufgestellt. Auch zum Mausoleum selbst wurde ein höher gelegener Zu-
gang und die Treppe durchgebrochen, die durch die Gruftkammer in den Oberbau führt,
im Innern Cisternen, Provianträume und fünf unterirdische Gefängnisse angelegt. Unten
im ersten Hof, wo die Bombarden lagen, verkündete dies eine Inschrift, die nach der
Rückkehr von der Flucht, im Herbst 1495 entstanden sein wird:

> Alex VI Pont. Max. Gente Borgia, patria
> Valentinus. Calixti. III. nepos: Arcem in
> hac Adriani ex hyſpania et(iam) oriundi mole
> foſſis, propugnaculisq. cinctum. Ad ſacro
> S. Eccleſie populiq. Ro^ni ſecuritatem
> inſtaurauit muniuitq.
> Anno ſalutis MccccLxxxxV

[1]) Vermiglioli, a. a. O. Appendice p. VII ff. S. XX wird in einem späteren Schreiben das Datum des ersten
angegeben, das Crowe und Cavalcaselle übersahen (p. 288, 30).
[2]) Luzi, Il Duomo di Orvieto p. 212 f.
[3]) Crowe und Cavalcaselle a. a. O. p. 284.
[4]) 1497 Juli 28 heisst es in einem Schreiben des Cardinalkämmerers Raphael Riario „obsequium ipsius Bernardini

Pont. fui. III.
Quo tempore Karolus VIII Francor-
Rex fidem publicam obedientiam [1]
preftitit.

„Im Castell Sant' Angelo, erzählt Vasari, malte er viele Zimmer mit Grottesken aus; unten im Garten aber, im grossen Turm, machte er die Historien von Papst Alexander. Darin porträtirte er Königin Isabella die Katholische, Niccolò Orsini Grafen von Pitigliano, Giangiacomo Trivulzi mit vielen anderen Freunden und Verwandten des Papstes, insbesondere Cesare Borgia, den Bruder und die Schwestern [2]), und viele hervorragende Leute jener Zeit."

Der Torrione der Engelsburg mit seiner damaligen Umgebung ist untergegangen; wir würden uns gar nicht mehr orientiren können, wo diese Fresken aus dem Leben der Borja sich befanden, wenn nicht Vasari im Leben des Morto da Feltre sich wenigstens etwas genauer ausdrückte. Darnach malte Pinturicchio die Loggien und Stanzen unten im grossen Turm, sowie andere Zimmer, die oben, — offenbar in oder auf dem Grabmal Hadrians selbst, — gelegen waren [3]).

Weitere Angaben verdanken wir dem Deutschen Lorenz Behaim, der zweiundzwanzig Jahre lang das Truchsessenamt bei Rodrigo Borja verwaltete. Er hat die „Epitaphien" abgeschrieben, die sich unter den dargestellten Scenen mit dem König von Frankreich befanden, und seine Sammlung ist im bekannten Codex des Hartmann Schedel im Besitz der Staatsbibliothek zu München auf uns gekommen [4]).

Diese Inschriften müssen als einzige Nachricht über Zahl und Inhalt der Wandgemälde Pinturicchio's doppelt willkommen sein:

Epigrammata Picturar-
In Caftello S. Angeli. Inferius
in Ortu Pontificio:

I.

Carolus Sextus [5]) Galliae Rex. Regnum Parthenopes armis occupaturus Romam ingreſsus Sex. Alex° Pon. Max. redeunti ex arce Hadrianali in orto Pontificio beatos pedes religiofe fubosculatus est: Poft felicem orbis rep(ar)atioɱ: Anno M. cccclc [6]), Sui Pontificatus uero An° iij.

II.

Rex Carolus. Rex X̄Panifsimus in amplifsima edium pontificiar- aula. facris exofculatis pedibus. Sex Alex⁺ Pont. Max. publicum habenti Senatum in humanis diuinifq. rebus obedientiam preftitit.

III.

Pro Tribunali Sex Alex regis q- in rem p̄fentem p̄tibus ductus Philippum prefulem

---

ex suo artificio Picturarum in Palatio noftro Apostolico et etiam in residentia Arc. Caftri noftri S. Angeli non absque labore, industria et sumptu per ipsum factis . . . . . ." bei Vermiglioli, App. p. XII.

[1]) Sic! Lorenz Behaim. S. unten.
[2]) Sic! Cesare hatte aber nur die eine Schwester, Lucrezia, und zwei Bruder, Juan und Joffrè.
[3]) Opere V, p. 202.
[4]) Cod. lat. 716, fol. 163a ff. Die Originale waren wol gleich jenen der Libreria zu Siena in grossen Duchstaben gemalt; Behaims Abschrift ist in der Uebertragung der Abkürzungen nicht genau.
[5]) Statt Octavus; schon dieser Irrtum ist wol nur zu erklären, wenn im Original eine zum Teil verlöschte römische Ziffer stand.
[6]) Statt Mccccvc.

Cenomaneñ. Regis agnatum. Èt Guilhelmû antiſtitem maclouienſem Viros graues vni-
verſo Senatu aſſentiente Purpureo Galero condecorauit.

IV.

Ad Petri in Vaticano ad aram maximam Univerſo ſacro ſanctorum Patrum circum-
ſtante Senatu Alex⁰ ſumo ſacerdotj rem diuinam facienti: manusq. lauanti. Rex Carolus
honorifice Aquam dedit.

V.

Sexto Alex⁰ Xpâne Rei puᵉ⁺ supᵐo patri ad Auguſtiſſimum templum ſancti Pauli
adeq(ui)taturo: Equum inſcendentj. Carolus Galliae Rex pedes ¹) vt vides pleniſsimè fuit
adiumêto.

VI.

Roma Neapolim Carolus abiturus Caeſarem Borgiam Diac. Car. cognomento. Valentiⁿ
Sex. Alex⁰ pont. Max. cariſſimum: & Sultanum Zizimum Orientis competitorem magni
Sultani ffêm Bazayti Cadmi Thurcar~ Regis profugum Romè captum ſecum abduxit.

In Teſtudine võ h̃ prouerbia

Diverſor~ Jmperator~

Furor fit lesa ſepius Pacientia.

Agentem ratio ducat, non fortuna.

Feras, non culpes: q̃d vitari non potest.

Cuj plus licet, minus libeat.

Benefitium dando accepit, qui digno dedit.

Difficilem oportet habere aurem, ad crimina.

Cuj semper dederis: vbi neges rapere imp(er)as.

Habet ſuum venenum blanda oratio.

Wir haben uns also ein überwölbtes Turmgemach zu denken, dessen Decke, wie es
scheint, acht Medaillons mit Bildnissköpfen von Imperatoren und deren Wahlsprüche auf
Täfelchen oder Bandstreifen enthielt, während an den Wandflächen darunter, zwei
Fensterseiten abgerechnet, sechs historische Darstellungen gemalt waren.

In der ersten sah man die Begegnung des Königs Karl von Frankreich mit dem
Papst Alexander, als dieser am 16. Januar 1495 die Engelsburg verliess und durch den
Garten des Vatican in den Palast zurückkehrte. Freilich benahm sich der allerchrist-
lichste König in diesem Bilde demütiger als die Scene in Wirklichkeit verlaufen sein soll.

Das zweite Fresko schilderte ebenso absichtlich die Obedienzleistung des fremden
Monarchen vor öffentlicher Senatsversammlung in der Sala de' Pontefici des neugeschmück-

---

¹) Sic!

ten Appartamento Borgia; das dritte fasste die beiden Cardinalscreirungen des Guillaume Brissonnet und des Philippe de Luxembourg zusammen. Das vierte gab den Moment der feierlichen Papstmesse in der Petersbasilika wieder, wie Karl VIII. dem celebrirenden Alexander das Wasser reichte. Dann folgte die grosse Prozession nach San Paolo, oder vielmehr die Ceremonie des Steigbügelhaltens, wobei der König — „wie du siehst," ruft die Inschrift triumphirend — „dem zu Pferde steigenden Papste tatsächlich den Fuss unterstützte. Endlich die Abreise des französischen Herrschers in Begleitung des Cardinals Cesare Borja und des Türkenprinzen Djem."

Der Verlust dieser Darstellungen Pinturicchio's ist um so empfindlicher, als sie neben den Hauptbildern des Borjazimmers den Höhepunkt seiner römischen Tätigkeit repräsentieren würden, und vor Allem geeignet wären, ihn als Historienmaler kennen und würdigen zu lernen. Diese Lücke in der Reihe der vornehmsten Werke, die für ihn zeugen müssen, wird zu leicht vergessen und verwischt. Und doch verrät der Cyklus aus dem Leben des Enea Silvio Piccolomini, in der Libreria des Doms zu Siena, der nun fast zusammenhangslos und ohne Gleichen dasteht, sich innerlich doch zum Teil als eine mattere Wiederholung vorangegangener, noch mit dem Einsatz der vollen Kraft erarbeiteter Triumphe.

Andrerseits wird man in solcher Rechnung leicht verleitet, die ausgefallene unbekannte Grösse zu hoch anzusetzen; und es verlohnt sich deshalb wol der Mühe, allen Spuren nachzugehen, die uns irgendwie über die Bedeutung und den künstlerischen Wert dieser verlorenen Malereien unterrichten könnten.

Jedenfalls haben die Fresken im unteren Turm der Engelsburg ihrer Zeit den Beifall und Studieneifer mancher umbrischen Künstler hervorgerufen, die, nach Rom gekommen, Teile daraus gezeichnet, oder eigenhändige Skizzen des beliebten Meisters als Vorlagen benutzt haben. Auf diese Weise erklärt es sich, dass in unsere heutigen Sammlungen eine nicht unbeträchtliche Anzahl von solchen Studienblättern gelangt ist, welche, grösstenteils zu geringwertig, um auf den Namen Pinturicchio's selbst Anspruch zu erheben, doch einen Zusammenhang mit diesen Fresken von ihm erkennen lassen.

Einige dieser Zeichnungen sind bis dahin immer auf die genannten Arbeiten in Siena bezogen worden. Ich habe schon früher [1]) diese Versuche als unberechtigt abgewiesen, weil die Uebereinstimmung mit den Bildern, zu denen sie gehören sollen, weder in der Anordnung der Figuren, noch in den Typen hinreicht, um die Blätter als endgültige Entwürfe dafür anzunehmen, andrerseits aber ihre Ausführung zu fein bis in alle Details vollendet erscheint, um als flüchtigere, planlos hingeworfene und wieder aufgegebene Vorstudien zu gelten [2]).

Schon damals wurde jedoch die Vermutung ausgesprochen, dass wir es hier mit älteren Erfindungen des Pinturicchio zu tun haben, und dass diese für die Libreria nicht verwertbaren Skizzen auf den Freskencyklus im Castel Sant' Angelo zurückgehen möchten. Manche dieser Scenen haben ja inhaltlich nahe Verwandtschaft mit den sienesischen. Die Begegnung oder der Fusskuss, die Obedienzleistung im Consistorium, die Bekleidung mit dem roten Hut, die Abreise einer vornehmen Cavalcade finden genau entsprechende Gegenbilder; auch die sonstigen Ceremonien und rituellen Aufzüge am päpstlichen Hofe ergänzen sich gegenseitig dort und hier.

---

[1]) Raphael und Pinturicchio in Siena. S. 28 f.
[2]) Neuerdings hat Dr. Rich. Kahl (Das venezianische Skizzenbuch) wieder versucht, den Zusammenhang mit den sienesischen Fresken herzustellen, da er die Blätter Pinturicchio selbst zuteilt. Ich lasse das Folgende stehen, wie es, ehe mir die Abhandlung zu Gesicht kam, geschrieben war.

Die Annahme bestätigt sich durchgehends, soweit jene Zeichnungen eine Prüfung im Einzelnen ermöglichen.

Am meisten Anhalt bieten die verschiedenen Blätter, die man mit der Obedienzleistung Enea Silvio's vor Eugen IV. in Zusammenhang gebracht hat [1].

Unter diesen verdient eine Silberstiftzeichnung auf graublau-grundirtem Papier, welche zu der linken Seite der Obedienzleistung Enea Silvio's gehören soll, besondere Beachtung [2]. Weder die Anordnung der einzelnen Gestalten, noch die Köpfe stimmen mit diesem Fresko oder mit dem Entwurf zu Chatsworth überein. Aber es ist eine verwandte Scene, die linke Seite einer feierlichen Versammlung; freilich nicht von Cardinälen oder sonst Prälaten, sondern von Philosophen und Schriftgelehrten, mit zu semitischem oder heidnischem Anstrich, als dass man ihnen ansähe, ob sie Doctoren des kanonischen Rechts vorstellen. Fünf verschiedenartig teilnehmende, mit Büchern und Schriftrollen ausgestattete Vertreter der Weisheit sitzen als Zuhörer auf einer Bank, welche in schräger Linie an der linken Seite vor den Stufen eines Thrones steht. Dicht an den letzteren sitzt ein fünfter en face vor zwei anderen Collegen, die ihre Meinung austauschen. Zwischen den Pfeilern der Halle werden andere Zuschauer sichtbar, während im Hintergrund sich über einer Brüstung der Ausblick ins Freie öffnet. Mehrfache Verbesserungen, besonders pentimenti beim letzten Neugierigen und andere unmittelbare Züge verraten, dass wir keine Studie nach einem fertigen Gemälde vor uns haben, sondern wirklich eine vorbereitende Skizze eigener Erfindung. Die Köpfe sind lebendig und ausdrucksvoll; sie scheinen mehr einer Rede oder Disputation zu horchen, als einer Ceremonie zuzuschauen. Die Figuren selbst sind aber zum Teil trocken und einförmig, zum Teil ungeschickt und fehlerhaft gezeichnet, während die Strichführung durchgehends die ruhig feste Arbeit einer geschulten Hand ohne jede geistreiche Flüchtigkeit aufweist. Erfindung und Gesichtstypen entspricht vollständig Pinturicchio, Costüm und Faltenarrangement sind fast die nämlichen, die wir an Gestalten der Cappella Bufalini oder des Appartamento Borgia beschrieben; aber sollen wir dem Meister selbst eine so ärmliche, misslungene Figur zumuten, wie den einzeln sitzenden Greis mit dem grossen Kopf und den kurzen Aermchen am winzigen Leibe? Ist aber dieser Entwurf für Pinturicchio zu schlecht, so müsste er doch einem Gehülfen zufallen, dessen Arbeit man bis dahin immer mit der des Prinzipals identificirt: es ist im Uebrigen genau das nämliche Machwerk, das in der Darstellung der Arithmetik und sonst in der Stanza del Trivio e Quadrivio des Appartamento vorkommt.

Und diese vorbereitende Studie muss wirklich al fresco ausgeführt sein; das beweist ein anderes Blatt, das im Louvre aufbewahrt wird [3]. Es enthält nämlich die Köpfe der drei letzten Zuhörer auf der Bank, grösser ausgeführt, doch in offenbarer Vereinfachung nach den Gesetzen der Freskomalerei, so dass man entweder annehmen muss, es sei ein Stück vom Originalcarton, oder aber eine Copie nach dem fertigen Wandgemälde.

Jedenfalls drängt sich die Vermutung auf, dass diese Blätter nebst anderen, die sich in weniger bekannten Privatsammlungen finden [4], auf ein Fresko Pinturicchio's und seiner Mitarbeiter im Turm der Engelsburg zurückgehen, sei es die Obedienzerklärung Karls VIII.

---

[1] Robinson, Catalogue of . . . Drawings by the Old Masters forming the Coll. of John Malcolm. London 1876. Nro. 170, pag. 62. (Kahl, S. 25 f.)

[2] So bezeichnet sie der Catalogue descriptif des Dessins des Maîtres Anciens, exposés . . . à Paris 1879, trotz der Zurückweisung dieser Angabe Robinsons durch Comyns Carr in The Grosvenor Gallery Illustrated Catalogue, 1877/78, p. XII, Anm. — Photogr. Braun, Nro. 105. (Holzschnitt bei Kahl, S. 27.)

[3] Inconnu, Braun Nro. 515.

[4] Aehnliche Köpfe z. B. im Vorrat der Uffiziensammlung; vgl. auch Nro. 376 der Ausgestellten

in öffentlicher Versammlung, oder die Cardinalscreirung vor dem Tribunal; der Messe in St. Peter widerspricht nur der Hintergrund.

Bei der Cavalcade nach San Paolo und der Abreise des Königs nach Neapel spielte hier der Türke Djem eine für den Maler doppelt wichtige Rolle, gleichsam als drittes Element neben den römischen Prälaten und den französischen Herren. Uebrigens fanden auch die Junker am päpstlichen Hofe, voran die eigenen Söhne Sr. Heiligkeit, Gefallen daran, sich in das prächtige Costüm des Muhamedaners zu kleiden, oder als Sarazenen zu Pferd sich dem Volke zu zeigen. Nun begegnen uns unter den Zeichnungen gleichzeitiger Italiener, und speziell der perusischen Schule, mehrfach Reiterfiguren, in deren Geschirr mit auffallender Vorliebe der Halbmond angebracht ist. Könnte man sonst darauf verfallen, ihn als Anspielung auf das Wappen der Piccolomini anzusehen, wie er in der Tat zwischen Ornamenten an Marmorarbeiten vorkommt, welche in Siena und anderweitig von dieser Familie gestiftet wurden, so befriedigt diese Erklärung doch nicht so sehr bei diesen auch sonst fremdartig aufgeschirrten Rossen, besonders da auf den Piccolominifresken der Libreria Derartiges nicht vorkommt. Den reichgeschmückten Türken aber sahen wir bei Pinturicchio bereits im Appartamento Borgia offenbar unter den Lieblingsfiguren wiederholt; und jenem unübersehbaren Reiter rechts im Vordergrund der Disputation Katharina's von Alexandrien sind diese wenig beachteten Zeichnungen eng verwandt.

Ein und derselbe Reiter, in schräger Stellung linkshin nach dem Hintergrund gewendet, Haltung und Bewegung des Pferdes ganz ähnlich, wie bei dem Türken, im Sattel aber an seiner Statt ein gepanzerter Ritter, findet sich nicht weniger als dreimal.

Am geistreichsten behandelt ist er auf einem Blatte der Oxforder Christ Church-Collection, Nro. 35, florentinische Schule genannt, mit Silberstift auf bläulich grundirtem Papier gezeichnet [1]).

Unscheinbarer, sorgfältig mit feinen Strichelchen ausgeführt, zart, aber ohne Feuer, ist das in der Uffiziensammlung als Ignoto neben Copieen nach Raphael ausgestellte Exemplar [2]), das am meisten der Manier Pinturicchio's entspricht.

Weit schwächer ist die Wiederholung, die sich als Ercole Grandi im Vorrat derselben Sammlung befindet.

Ein anderer Reiter, im Louvre, von vorn gesehen, ebenfalls mit dem Halbmond auf der Stirn des Rosses, trägt bereits den Namen Pinturicchio [3]). Die Umrisse sind zur Uebertragung mit der Nadel durchstochen. Die Ausführung ist möglichst einfach, wie es scheint auf Freskomalerei berechnet; das Ganze gehört in die nämliche Kategorie, wie jene drei Köpfe von Doctores derselben Sammlung.

Wie weit sich die Wirkung solcher Bestandteile aus Cavalcaden Pinturicchio's erstreckt, lässt sich schliesslich ein Blatt in Raphaels venezianischem Skizzenbuch erkennen [4]): es enthält zwei Reiter, der vordere hält in schräger Richtung nach rechts, der andere, hinter ihm, wird ganz von vorn gesehen. Gesichtstypus und die lange schlanke Gestalt des Jünglings geht unverkennbar auf ein Vorbild von der Hand Pinturicchio's zurück; auch die Pferdeleiber mit dem breiten Rumpf auf den steifen starkknochigen Beinen verraten deutlich ihre Herkunft; nur die Köpfe zeigen zweifellos die Eigenart und das fortgeschrittene Verständniss des jungen Raphael, dessen geistreiche Feder wir auch sonst in dieser Skizze erkennen. Man vergleiche diesen Kopf nur mit jenem ganz links auf

[1]) Photogr. in d. Grosvenor-Publications. 1879, Nro. 35.
[2]) Rahmen 455 Nro. 187.
[3]) Braun 234.
[4]) Vgl. Preuss. Jahrb. (1881) Bd. XLVIII, Heft 2, S. 138.

der Anbetung der Könige, dem Predellenbildchen zur Krönung Mariae im Vatican. Auch hier noch zeigt sich der Halbmond als Zierde im Sattelzeug.

Jedenfalls wurden diese älteren, vielfach verwandten Darstellungen des Meisters im Turm der Engelsburg bei der späteren Verherrlichung Pius' II. wieder verwertet, und die Skizzen und Entwürfe aus der Mappe Pinturicchio's dienten auch den Gehülfen, wie Raphael, als Vorlage, oder doch als erster Anhalt für die neuen Compositionen.

Wie aber von der Libreria aus Spuren rückwärts führen, so leiten andere vorwärts, von den Fresken des Appartamento Borgia auf den Cyklus der Engelsburg hin, und dies Zusammenlaufen bedeutet gewiss so viel, dass wir uns die Historien von Alexander VI. und Karl VIII. im Wesentlichen als Zwischenstufe zu denken haben, deren Bedeutung sich kaum über die fortlaufende Reihe der sonstigen Arbeiten Pinturicchio's erheben mochte. Rasch entstanden, wie die übrigen, dürfen sie nicht als ausserordentliche Leistung hingestellt werden, deren Verlust unsere ganze Auffassung seines Kunstcharakters beeinträchtigte. Die kurze Frist vom Ende 1496 bis Mitte 1497 verteilt sich ausserdem auf die übrigen Malereien in den Loggien und Stanzen, welche noch im unteren Teil der Engelsburg lagen, und ebenfalls untergegangen sind.

Kein besseres Schicksal ist der Decoration jener anderen Zimmer zu Teil geworden, die Vasari als *camere disopra* bezeichnet. Sie befanden sich im Obergeschoss auf der Moles Hadriana selbst und können erst nach 1497 entstanden sein; denn in diesem Jahre zerstörte ein Blitz, der ins Pulvermagazin schlug, den alten Aufbau soweit, dass der Papst die Gemächer ganz neu herrichten liess. Dann wurden sie von Pinturicchio ausgemalt; aber schon Paul III. hat sie wieder verändert, und ihren Freskenschmuck, der wol während der Belagerung gelitten, durch glänzendere Ausstattung ersetzt. So sind wir mit diesen *infinite stanze a grottesche* noch schlimmer daran, als mit den Historien drunten, während die päpstliche Dotationsakte vom 5. Februar 1498 die Malereien der Engelsburg an erster Stelle, als Hauptsache, hervorhebt [1]).

Doch sagt uns Vasari's Zusatz wenigstens, warum es sich handelt. Die Zimmer waren mit rein decorativer Malerei, und zwar in dem neuen antikisirenden Geschmack ausgestattet, welcher grade damals den bisherigen Stil des Quattrocento verdrängte: sie waren nach dem Vorbilde spätrömischer Thermen- und Palasträume, d. h. a grottesche geschmückt.

Die kurze unscheinbare Notiz Vasari's „dipinse infinite stanze a grottesche", enthält die Nachricht vom entscheidenden Siege einer kleinlichen spielerischen Kunstrichtung, vom Triumph der Oberflächlichkeit Pinturicchio's, sie bedeutet auch hier das Umsichgreifen zersetzender Einflüsse, den Wendepunkt in der ganzen geistigen, wie in der politischen und socialen Entwicklung Italiens.

Durch den Auftrag Alexanders VI., die vielen Zimmer seiner Burg mit Grottesken auszumalen, erhielt die soeben auftauchende Mode zunächst in der Hauptstadt eine feierliche Sanction, deren Wirkung sich jedoch bald in weiteren und weiteren Kreisen fortpflanzen musste. Und diese Grotteskensucht in Rom ist eine ähnliche, innerlich verwandte Erscheinung, wie jene Costümwandlung, welche zunächst in Oberitalien bemerkbar, schon von Chronisten jener Zeit „per la sua gran sensualitade" mit dem Eindringen der Franzosen im Jahr 1494 in Verbindung gebracht wurde [2]).

---

[1]) Bei Vermiglioli, Append. p. XVII: cum Sanctissimus Dominus Noster Papa ex tuo artificio picturarum per te in Arce S. Angeli ac in Palatio Apostolico factarum intellexerit tibi bonam debeti recompensationem . . . .

[2]) *Andrea Bernardi, Chron. Forliv. Mscr. vol. I. fol. 281 ff. „La presente foggie fare novamente in questa nostra provencia d'Italia cominciando l'ultima metà dell' anno 1494 grande & arduo per la sua sensualitade come veramente havvi descritta mia litera a partita per partita in questo mezzo vi farò intendere &c. &c.*

War bereits in den decorativen Arbeiten aus der Zeit Innocenz' VIII. ein Abweichen von dem strengen architektonischen Sinn der früheren Kunstweise bemerkbar, zeigte sich in den letzten Jahren besonders schon die Neigung, die consequente Verwertung des gegebenen Raumes selbst, oder die constructiv zulässige, perspektivisch sorgsam durchgeführte Umdichtung aufzugeben und das Innere willkürlicher ohne Bezug auf das Bauwerk selbst, in dem man sich befand, zu decoriren, so sagt sich die Malerei nun prinzipiell von allen architektonischen Rücksichten los; sie beginnt frei zu phantasiren und will nicht mehr gefragt sein, ob die Pilaster genügende Tragkraft besitzen, ob die Fäden und Drähte, auf denen die Fabelwesen sich tummeln, auch haltbar sind, ob das aufsteigende Rankenwerk mit seinen zarten Stengeln und Allem, was daran hängt, nicht zusammenbrechen müsste. Das Vorbild der Ornamente ist nicht mehr die plastische Steinarbeit, überhaupt nichts Festes, Körperhaftes mehr; die malerische Erfindung erkennt nur noch die Gesetze der eigenen Kunst an, selbstherrlich und übermütig entlehnt sie überallher die Requisiten, die ihr passen, spottet mit ihren schillernden Farben der Modellirung des Bildners und parodirt in winzigen Verhältnissen und schwanker Zierlichkeit in schwebenden Tempelchen und Arcaden den Ernst der Architektur.

Diese gründliche Umwandlung des decorativen Stiles nimmt von den füllenden, gliedernden und umrahmenden Teilen in den Ornamenten der Pilaster, der Bögen und nebensächlichen kleinen Compartimente ihren Anfang. Hier tritt sie noch höchst bescheiden und zurückhaltend auf; aber bald fordert sie mehr Raum zur Entfaltung. Bald verbreiten sich diese lockeren Gebilde über grössere Flächen, steigen von den Dreieckfeldern der Gewölbe herab an die Wände und vertragen endlich die haltbaren Rippen und Pfeiler nur noch als willkommene Einfassung, in deren Gränzen sie ihre unerschöpfliche Eleganz, ihre ganze Mannichfaltigkeit in der Ausfüllung gegebener Räume bewähren.

Die ersten Symptome der neuen Zierweise begegnen uns im Appartamento Borgia. Damals müssen die Künstler in Rom zuerst wieder auf die Ueberreste antiker Wandmalerei gestossen sein, deren Auffindung und Ausbeutung dann bald unermüdliche Streifzüge und lebhafte Studien in allen verschütteten Thermen- und Palastbauten der ewigen Stadt und ihrer Umgebung gewidmet waren. Als ersten Nachahmer und glücklichen Neuschöpfer dieser Grotteskenmotive spätrömischer Innendecoration bezeichnet Vasari mit Bestimmtheit den wenig bekannten Morto da Feltre, der grade damals aus dem Friaul, seiner Heimat, nach Rom gewandert war und sich Monate lang in diesen Höhlen und Grabkammern vergrub. Aber auch jener Prospettivo Milanese, der im Jahre 1494 die verfallenden Bauten und geretteten Bildwerke der Kaiserstadt bewunderte, ist ein enthusiastischer Verehrer der Grottendecoration, der uns mit lebendiger Naivetät den ersten Eifer dieser unterirdischen Entdeckungsreisen schildert.

Die wirkliche Einführung dieses phantastischen Stiles in die Wandmalerei der damaligen Zeit geschah jedoch ohne Zweifel unter der Aegide des päpstlichen Hofmalers Pinturicchio. Dass er die leichtsinnige ausgelassene Dienerin adoptirte, ihrem bunten Treiben aus angeborener Zierlust nachgab, ihr schliesslich gern die Herrschaft im Haus überliess, das entschied erst das Durchdringen der Mode.

Gewiss kam ihr, wie bei der umbrischen Natur Pinturicchio's selbst, auch sonst die Zeitrichtung entgegen; gewiss wäre die verfallende Kunst in Rom unter seiner Leitung auch ohne die Auffindung der antiken Vorbilder auf etwas Aehnliches verfallen; — das beweisen alle Symptome der nächst vorangegangenen Werke der Wandmalerei, die wir kennen gelernt. Aber seine Arbeiten für Alexander VI. geben das verführerische Beispiel, das sofort Nachahmung findet.

In den Jahren 1497—1498 entstanden diese Zimmer der Engelsburg, die nach

Vasari's Zeugniss ohne alle historischen Darstellungen, oder doch in verschwindendem Masse, nur mit Grottesken ausgemalt wurden. Sie stellten die Vollendung dessen dar, was sich in den bescheidenen Anfängen hie und da im Appartamento angekündigt.

Hierher gehört auch die Deckenmalerei der Capelle des Domenico della Rovere in Sta. Maria del Popolo.

Dem Charakter ihrer kirchlichen Bestimmung entsprechend behaupten jedoch Darstellungen aus der Heiligen Geschichte das Uebergewicht über blos Decoratives, und so besitzen wir in diesen Fresken wenigstens ein willkommenes Denkmal, um Pinturicchio's Stil aus diesen Jahren in würdiger Weise kennen zu lernen.

Capelle des Domenico Rovere in Sta. Maria del Popolo.

Der malerische Schmuck der ersten Capelle rechts in Sta. Maria del Popolo ist später entstanden, als die Werke der Sculptur, das Grabmal des Cristoforo della Rovere, der Altarrahmen und die Marmorbalustrade, welche sie von der Kirche sondert. Die Ornamente, mit denen die Felder der Deckenwölbung überzogen sind, verraten, soweit sie den ursprünglichen Charakter bewahren, bereits die ausgesprochene Neigung zu willkürlichem Spiel mit buntgemischten Formen und Gegenständen, zu stark ausgeschweiften Endungen der Flügel und Ranken, während die Einfassung des Altarbildes und das Grabmonument zur Linken noch den reinen Quattrocentogeschmack aufweisen. Die Lünetten, über denen das Gewölbe ansetzt, enthalten Scenen aus der Legende des hl. Hieronymus, dem die Capelle geweiht ist. Die erste zeigt Hieronymus als Cardinal in der Unterredung einem Fürsten gegenüber sitzend; die zweite die Selbstkasteiung des Heiligen in der Wüste; die mittelste das Abenteuer mit dem Löwen, der vom Schmerz getrieben zum Einsiedler kommt, sich zum Entsetzen umstehender Ordensbrüder geduldig den Dorn aus der Tatze ziehen lässt und ihn seitdem nicht verlässt [1]. Das vierte Bogenfeld stellt dar, wie Hieronymus im Beisein eines Bischofs und anderer Personen die Bibelübersetzung schreibt; im letzten rechts lässt sich noch die Bestattung des Heiligen erkennen, obgleich der Aufsatz eines Grabmals hineinragt, das später hier untergebracht wurde, seinem unerfreulichen Stil nach einem Schüler des Sansovino angehört.

Das erste dieser Lünettenbilder erscheint ganz fremdartig, und zwar nicht allein durch die moderne Uebermalung, bei der die jetzige Landschaft entstanden ist. Die anderen entsprechen in Zeichnung und Farbe mehr dem Pinturicchio, sind jedoch in der Ausfüllung des gegebenen Raumes nicht glücklich.

An der rechten Wand muss sich, bevor jenes Machwerk des Sansovinoschülers hereinkam, ein grösseres Fresko befunden haben, welches die Porträtfigur des Stifters enthielt, deren Vasari ausdrücklich erwähnte; wenigstens findet sie sich nicht auf dem Bilde der Altarwand [2].

---

[1] Der Löwe, nach links gewendet, erhebt die verwundete Tatze und heult offenbar; es ist also Willkür, wenn Lermolieff a. O. S. 316 den nach rechts gewendet stehenden und den ruhig liegenden Löwen im Raphaels Skizzenbuch zu Venedig grade auf dieses Exemplar der zahlreichen Hieronymusbilder bezieht.

[2] Darnach ist aus der Beschreibung bei Crowe und Cavalcaselle und deren Gefolge „das Bildniss des Stifters in vollem Ornat" zu tilgen.

Dies Hauptstück ist nun eins der wichtigsten und erfreulichsten Werke des Pinturicchio. Es stellt die Anbetung des Christkindes durch Maria, Joseph, einen Hirten und den hl. Hieronymus dar. Rechts, vor der Hütte und dem Verschlag, aus dem Ochs und Esel hervorgucken, kniet Maria in blauem Mantel verehrend vor dem strampelnden Kinde, das, am Boden gegen ein Strohbündel gelehnt, die Aermchen nach ihr ausstreckt. Hinter ihm sitzt der alte Joseph mit aufgestütztem Haupt, wie im Schlafe. Links beugt sich der langbärtige Heilige im Gebet, während hinter ihm schüchtern ein junger Hirt mit gekreuzten Armen herüberschaut. Weiter zurück, auf steilem durchbrochenem Hügel, geschieht die Verkündigung an die Hirten, indem die Könige aus Morgenland bereits in Hast durch das Felsentor herabeilen. Hinter einem von Pinturicchio's Bäumen liegt eine Kirche am Fluss, dessen Brücke durch einen Reiterzug belebt ist, und landschaftliche Ferne, welche die Hintergründe der Cappella Sistina wieder ins Gedächtniss rufen.

Die Reinigung durch moderne Hand hat auch da, wo nicht Uebermalung stattgefunden [1]), den ursprünglichen Charakter verändert; besonders die Köpfe haben dadurch etwas Verblasenes, Duftigweiches bekommen, das dem Pinturicchio durchaus fremd ist. Sonst zeigen grade sie bereits einen Typus, der uns zuerst im Appartamento Borgia bei jenen heiligen Jungfrauen des Mittelzimmers begegnet, dann aber in engster Verwandtschaft auf dem Bilde für Sta. Maria fra Fossi zu Perugia wiederkehrt, das freilich 1496 bestellt, aber erst nach Pinturicchio's Rückkehr von Rom um 1498 vollendet sein kann. Besonders auffallend ist die Aehnlichkeit in dem Kopf der Madonna mit dem schmalen Oval, den feinen hochgewölbten Brauen, der geraden spitzen Nase, dem zarten Mündchen und den losgelösten Haarsträhnen am Ohr. Schon diese stilistische Uebereinstimmung mit dem Tafelbilde zu Perugia sollte die Entstehungszeit dieses Fresko ausser Zweifel stellen. Die Ausführung scheint in den nackten Teilen durchgehends sorgfältig, ja für Pinturicchio auffallend realistisch gewesen zu sein. Man beachte nur die Hände des Hieronymus und der Maria, den Fuss Josephs und das wenig idealisirte, von den Kindern Perugino's so sehr abstehende Jesusknäblein.

An die Gestalt des hl. Hieronymus im Büsserkleid reiht sich passend noch eine stilverwandte Zeichnung von der Hand Pinturicchio's an, welche uns besser als ausgeführte Malereien die charakteristischen Merkmale seiner Arbeit vergegenwärtigt. Sie stellt die Enthauptung eines Heiligen in priesterlichem Gewande dar, und befindet sich, bisher unerkannt, unter dem Namen Fra Angelico da Fiesole in der Uffiziensammlung zu Florenz [2]).

Sie ist sehr fein mit der Feder ausgeführt, hier und da mit weissen Lichtern versehen, und unzweifelhaft Pinturicchio's Eigentum. Der Heilige kniet im Gebet, mit zusammengelegten Händen und etwas geneigtem Haupte, den Streich erwartend, fast ganz im Profil nach rechts. Sein Kopf hat manche Züge mit dem Hieronymus auf der Anbetung des Kindes gemein, besonders die Schädelform, Nase und Ohr; auch die vorn zugespitzte Oberlippe ist bezeichnend. Die Faltengebung des weichen Gewandes ist die nämliche, wie an dem Shawltuch und Rock des Hieronymus, ganz ähnlich derjenigen am Mantel Christi in der Cappella Bufalini. Nicht minder charakteristisch ist die schlanke, feinknochige Gestalt des Henkers und die Art seiner Bewegung. Sein Typus kennzeichnet den Schüler des Fiorenzo, und legt den Vergleich mit den schmächtigen Fantini auf

---

[1]) Wie z. B. am blauen Mantel der Maria, am gelben Josephs, des Hirten, am Dach der Hütte und am Himmel.

[2]) Rahmen XIII, Nro. 49, aus der Sammlung Santarelli. — Photogr. v. Alinari 3721. Philpot 5194. Braun Nro. 11 (Mort de S. Paul).

einem der Temperabildchen in Perugia nahe, bei dem sich sowol das Gemeinsame, als die unterscheidenden Fortschritte überzeugend herausstellen. Auch der entblösste Arm stimmt trefflich zu den Täuflingen hinter Christus auf Perugino's Fresko in der Sistina. Die Strichführung ist ebenmässig, die Umrisse bestimmt, aber ohne Energie, die Formen schlank, ohne Muskelkraft, der Körper schmächtig ohne Elasticität, lebhaft bewegt, aber nicht sicher auf den Beinen; wir zweifeln, ob der Streich ausreiche, den breiten Nacken des Märtyrers zu fällen.

Werfen wir darnach noch einen Blick auf das Fresko der Roverecapelle zurück, so erscheint der Meister Bernardino in Allem wenig verändert. Seine Gestalten sind nicht frischer und kräftiger geworden, seine Zeichnung im Ganzen nicht vergrössert; aber die Farbe ist heller und freundlicher, und bringt die Stimmung, die über der lieblichen Scene waltet, zum glücklichsten Ausdruck. Während die Werke seiner ersten römischen Zeit noch etwas Herbes, Altfränkisches hatten, das in der ewigen Stadt besonders sich wie provinzielle Verschrobenheit ausnahm, so zeigt sich hier die durch Uebung erlangte Freiheit, soweit sie überhaupt seine Sache ist. Aber mit der Leichtigkeit des Schaffens verbindet sich noch eine Innigkeit, deren Aeusserung ohne Zweifel dem wiederholten Verkehr mit Perugino verdankt wird, der in seinen römischen Tagen noch ebensowenig in die himmelnde Schwärmerei verfallen war, die ihm beim Uebergang ins Cinquecento zur Manier ward. Auch die Landschaft wirkt in ihrem farbigen Schimmer dem märchenhaften Ton des Ganzen entsprechend, obwol sie wie sonst mit einer Fülle zerstreuender Einzelheiten ausgestattet worden. So mögen wir uns wol die Gunst der römischen Herren erklären; denn Pinturicchio giebt, wo er eigenhändig arbeitet, immer anmutige, mit manchen zarten Reizen geschmückte Schöpfungen, die wol erfreuen und befriedigen können, so lange daneben nicht florentinische Gestalten mit ihrem unmittelbaren Gefühl des Lebens, ihrem ausgesprochenen Sinn für das Charakteristische und Bedeutende hervortreten.

VI.

Auswärtige Tätigkeit und Rückkehr unter Julius II.

1499—1508.

Die politischen Verwicklungen und Kämpfe, in welche Alexander VI. durch sein eigenes intriguantes Streben, wie durch den ruhelosen Ehrgeiz seines Sohnes Cesar immer mehr hineingezogen wurde, raubten ihm mit der Musse auch den Sinn für künstlerische Unternehmungen. So wandte sich auch Pinturicchio, da die Aufträge des Papstes erschöpft und die Bestellungen anderer Prälaten in Rom ausgeführt waren, seiner Heimat wieder zu, wo er die Mönche von Sta. Maria fra Fossi schon vor Jahren im Stich gelassen hatte. Damals verpflichtete er sich, ein Altarbild für diese Kirche bis zum März 1498 zu vollenden, liess aber die Arbeit, wie wir sahen, ohne Weiteres liegen, da sich in Orvieto günstigere Aussicht zeigte.

Dieses aus vielen Teilen bestehende Altarwerk, das in seiner ursprünglichen Aufstellung jetzt in der Galerie zu Perugia Platz gefunden, wurde nun erst abgeliefert. Es ist von Crowe und Cavalcaselle eingehend beschrieben [1] und gewürdigt worden.

In der Tat überrascht die ungemeine Sauberkeit und minutiöse Durchführung dieses Temperabildes nicht minder, als die altertümliche umbrische Auffassung des Gegenstandes. Der zarte Gesichtstypus der Madonnen und Engel, Zeichnung und Anordnung der Pietà, die Innigkeit und der Liebreiz aller Gestalten weisen es mit Bestimmtheit in dieselbe Reihe, wie jene Anbetung des Kindes in der ersten Capelle rechts zu Sta. Maria del Popolo und die demnächst zu besprechenden Fresken in Sta. Maria Maggiore zu Spello. Aber die Formgebung ist durchgehends, selbst bei einer Altartafel, auffallend kleiner als in diesen Wandgemälden, so dass man auf den Gedanken kommt, die unteren Stücke der Ancona müssten bereits 1496 vorgezeichnet sein. Der Eindruck des Zierlichen, Befangenen wird noch gesteigert durch die Menge kleiner Zierraten, durch Stoffmuster auf dem Hintergrund, Stickerei oder Besatz auf den Gewändern und den pretiösen Anzug selbst z. B. am kleinen Johannes, der in gelber Tunica, Halbstrümpfen mit hochgeschnürten Sandalen und gekräuselten Haaren einhergeht. Im Vordergrund liegen sogar Nüsse,

---

[1] S. 285 f. Nur befindet sich die Pietà nicht zwischen, sondern in der Mitte u b e r den Verkündigungs-figuren, die über den beiden niedrigeren Seitenbögen angebracht sind. Die untere Hälfte des Altarwerks, Madonna, S. Hieronymus und S. Augustin, bei Förster, Dkm. d. ital. Malerei abgebildet.

deren einige geöffnet sind, und ein Buch mit prächtigen Schliessen, Dinge, die man sonst bei Carlo Crivelli erwartet. Der geschmackvolleren Einfachheit der letzten römischen Werke gegenüber erscheint diese Ueberladung mit Schmuck und Beiwerk wie ein Rückfall in den Provinzialgeist, der sich allerdings auch bei Perugino jedes Mal bemerklich macht, wenn er daheim arbeitet. Andererseits ist gerade dieses Bild offenbar dadurch und als Modernisirung der Eigenart Fiorenzo's wieder das Beispiel für eine Reihe von Altartafeln geworden, die uns in Perugia spät noch neben der freien Formgebung des Cinquecento mit altertümlichen Perlenschnüren und Thronstaffagen überraschen. Selbst Raphaels Madonna Ansidei und Regia di Napoli huldigen dieser Localmode.

Ganz der Höhe der damaligen Ausbildung Pinturicchio's entspricht dagegen die Farbenbehandlung. Das Bild ist nicht nur sauber ausgeführt und in den Fleischteilen geschickt verarbeitet, sondern auch frisch und warm in den Tönen, von grosser Leuchtkraft der stark contrastirenden Farben, die trotzdem harmonisch gestimmt sind. Selbst in den bunten Grottesken auf schwarzem Grunde, mit denen die Eckvoluten geschickt ausgefüllt sind, zeigt sich der Farbensinn des Meisters.

Als Pinturicchio nach Perugia zurückkehrte, um das angefangene Altarwerk für Sta. Maria de' Fossi wirklich auszuführen, fand er seinen alten Freund Perugino bereits dort vor, im Begriff, den ehrenvollen Auftrag zur Ausschmückung des Cambio zu erfüllen, für den der Hofmaler des Papstes, da man ihn in Rom vollauf beschäftigt glauben musste, gar nicht in Frage kam.

Sonst liessen die Ansprüche seiner Mitbürger an ihn nicht lange auf sich warten, sobald man erfuhr, dass er Musse für sich übrig habe.

Der päpstliche Protonotar und Prior der Collegiatkirche Sta. Maria Maggiore zu Spello, Troiolo Baglioni aus Perugia, gewann ihn für die Ausmalung einer Capelle in dieser Kirche, eine Arbeit, die Pinturicchio, wie die Jahreszahl auf dem einen Bilde selbst besagt, bereits im Jahre 1501 vollendete.

Die schlechtbeleuchtete Capelle bietet drei breite oben abgerundete Vollmauern für die grossen Darstellungen der Verkündigung, der Anbetung des Kindes durch die Hirten und der Disputation des zwölfjährigen Jesus mit den Schriftgelehrten [1]. In den Dreieckfeldern der Decke sitzen auf Thronen, wie die freien Künste im Appartamento, vier Sibyllen: Eritrea, Europea, Tiburtina und Samia. Hinter ihnen spannt sich der blaue Himmel aus zwischen den Rahmen, die durch eine Grotteskenkante auf rotem Grunde geschmückt sind: die Ornamente sind teils in Chiaroscuro, teils buntfarbig, die menschlich gebildeten Halbfiguren, Gesichter und Arme in Naturfarbe gegeben. An den Pilastern in den Ecken unten erscheinen ebenfalls grau in grau gemalte Grottesken auf gelbem Grunde.

In der Verkündigung, wie in der Anbetung der Hirten fällt sogleich die nahe Ver-

[1] Alle drei in den Farbendrucken d. Arundel Society, von denen jedoch nur die Verkündigung einigermassen zuverlässig, die Disputa in den Farben viel zu schreiend ausgefallen. — Die Fresken selbst haben stark durch Feuchtigkeit gelitten. In der Anbetung hat eine nicht umbrisch gebildete Hand den Mittelgrund mit Kameel und Stadtansicht, nebst dem komischen 2. und 3. Hirten gemalt; ebenso die Fernsicht in der Verkündigung und die kleinen Figuren am Tempel gegenüber.

wandtschaft mit den letzten römischen Arbeiten ins Auge. Die Gesichter der Madonna, des Engels Gabriel und andere jugendliche Köpfe zeigen den nämlichen scharfgeschnittenen, zarten und doch von Perugino's weichen Formen so ganz verschiedenen Typus. Auch die Maria in der Disputa rechts ist ein treffliches Beispiel der besten eigenhändigen Arbeit unseres Meisters. Befremden kann nur der grosse Massstab der Figuren im Vergleich mit der Anbetung in Sta. Maria del Popolo und der Altartafel in Perugia; aber sehr bald wird man klar, dass die grösseren Dimensionen, welche die Wandfläche gebot, keine Vergrösserung des Stils im eigentlichen Sinn enthalten, im Gegenteil die beschränktere Gewohnheit des Malers nur um so besser erkennen lassen.

Die Scene der Verkündigung ist durch allerlei Architekturstaffage, Nebenwerk und weiten Ausblick in städtische und ländliche Umgebung ausgefüllt. Ja im jungfräulichen Stübchen der Madonna hat Pinturicchio gar sein eigenes Bildniss aufgehängt. Die Anbetung der Hirten verrät die Verlegenheit, den Raum geziemend zu verwerten, nicht minder, indem sie ausser der burlesken Episode einer ebenso hastigen als wirtschaftlichen Spende verschiedenartig costümirter Schäfer, noch die Verkündigung an die Hirten und den ganzen Zug der Könige aus Magierland mit hineinzieht, die Landschaft mit allerlei ausführlichem Detail bereichert, während oben am Himmel nicht weniger als zehn Engel das Gloria in excelsis singen. Selbst der Vordergrund ist mit verstreuten Füllstücken ausstaffirt: hier liegt ein grosser Packsattel, dort ein Reisebündel, Stöcke und dergleichen, auf dem Dach der überaus geschmückten Hütte sitzt ein Pfau. Genug, ein unruhiges Durcheinander stört die Wirkung der wenigen Gestalten, welche zur eigentlichen Handlung gehören. Diese Personen selbst sind, mit Ausnahme der Madonna und der anbetenden Engel, durchaus nicht glücklich in ihren Bewegungen; eckige Glieder und ungelenke Gebärden, die sich in kleinerem Massstab nicht so vordrängen, werden hier verletzend. Der Fall der Gewänder ist keineswegs ihrer Grösse entsprechend runder und voller geworden; die himmlischen Sänger tragen, wie gewöhnlich, ihre weichen feinfaltigen, platt an den Leib gedrückten Röcke. Die Gruppe der Reiter links, offenbar eine Reminiscenz seiner römischen Zeit, giebt mit ihren steifbeinigen Rossen durchaus keinen vorteilhaften Begriff von jenen vorangegangenen Leistungen. Und da wir sonst ein so hervorragendes, im höchsten Grade lehrreiches Beispiel seiner Kunst in diesen Fresken aus der Zeit seiner vollen Reife vor uns haben, so dürfen wir nach ihnen keine besonderen Fortschritte in dieser Richtung mehr erwarten.

Nur die Disputa des Knaben Jesus bot an sich selbst Gelegenheit zu einer grösseren und neuerfundenen Composition. Pinturicchio lässt die Scene merkwürdiger Weise nicht im Tempel geschehen, sondern verlegt sie auf einen freien Platz vor diesem und erhält so Gelegenheit, den Schauplatz der Schlüsselverleihung Perugino's zu benutzen. Darin ist er jedoch entschieden unglücklich, ebenso wie auf der Bestattung Bernardins in Aracoeli. Waren die Gebäude dort zu winzig und schlank, erscheinen sie hier zu plump und massig. Der achtseitige Bau, der übrigens mehr Aehnlichkeit mit dem Tempel auf Perugino's Sposalizio hat, wirkt indess doppelt schwer erst im Verhältniss zu den Gestalten vor ihm, oder durch deren fehlerhafte Anordnung. In der Mitte des Vordergrundes öffnet sich nämlich eine weite Gasse zwischen den links und rechts gedrängten Zuschauern, und in diesem leeren Raum steht nur der redende Knabe, und vor ihm liegen Bücher am Boden zerstreut. Unter den Schriftgelehrten, mit denen er verhandelt, begegnen uns manche Wiederholungen aus der Disputation der hl. Katharina im Appartamento Borgia, während andere Figuren ebenso gross und breit im Vordergrunde der Fresken zu Siena auftreten. Dazwischen drängen sich auch hier teils ganz individualisirte Porträtgestalten, wie der Stifter Troiolo Baglioni, teils gleichgültig abconterfeite Köpfe. Ja bei einzelnen Füllstücken, wie bei dem Pagen links und dem Bambino, verrät uns die Verschiedenheit des Massstabes, dass sie so eingeflickt wurden, wie sie in der Mappe des Meisters vorrätig waren, ohne Rücksicht, ob der angehende Jüngling ebenso gross oder so klein ist, wie das Kind im Hemdchen.

Wenn wir bei der Verkündigung gern verzeihen, dass der kleine Allerwelts-Pictoricius sich Perugino gleichgeachtet, indem er wie jener im Cambio sein Bildniss mitten hineingemalt, so muss angesichts dieser Composition der Vergleich, zu dem er herausfordert, ebenso entschieden zu seinem Nachteil ausfallen. Denn hier zeigt sich deutlich, wie wenig dieser einstige Gehülfe des Meisters Pietro in die Regeln seiner feierlich ernsten Darstellungen eingeweiht war, wie er ihm freilich mancherlei Gewohnheiten der Stellung, manche Kunstgriffe der Anordnung abgesehen, den höheren Zweck, dem sie dienten, aber nicht begriffen, die perspektivischen Gesetze, aus denen sie sich entwickelt, nicht gekannt hat.

Mit den losen Gestaltenreihen des Cambio und hergebrachten Scenen für die vielbegehrten Andachtsbilder mochte ers immerhin aufnehmen können; mit der Nachlässigkeit des herabgekommenen Perugino war der Wetteifer nicht schwer. Ja die Ausführung dieser Fresken Pinturicchio's scheint in mancher Hinsicht wirksamer, frischer, sorgfältiger gewesen zu sein, als die schnellfertige Decoration der Wechslerhalle. Aber wo es sich um eigene Erfindung handelt, wo mit fertigen Schablonen, angelernter Mache und rasch gesammelten Entlehnungen aus der Wirklichkeit nicht auszukommen war, — da kann auch die Lieblichkeit einzelner Köpfe, die Heiterkeit der Farben, naive Ausführlichkeit des Fabulirens, oder sinnige Ausstattung der Scenerie, selbst nicht die Frische der Empfindung über den inneren Mangel der schöpferischen Kraft, über die Armut und Flachheit des Geistes hinwegtäuschen.

Bevor nun Cardinal Francesco Piccolomini den Meister nach Siena kommen liess und mit ihm jenen Contrakt abschloss, der seine langjährige sienesische Tätigkeit eröffnet, muss noch ein hervorragendes Temperabild erwähnt werden, das wie ein Mittelglied zwischen den letzten Arbeiten und den Fresken der Libreria erscheint, und zugleich den trefflichsten Massstab für das repräsentirt, was Pinturicchio damals mit eigener Hand zu leisten vermochte. Es ist die schöne Madonna in der Glorie von zwei Heiligen verehrt, die aus der Kirche Montoliveto bei San Gimignano in das Stadthaus dieses malerischen Städtchens unweit Siena gekommen ist [1].

Es wird von Crowe und Cavalcaselle nur unter die Atelierwerke unseres Meisters gerechnet [2]; gehört aber, wie schon Gaye erkannt hat [3], ohne Zweifel zu den besten Tafelbildern Pinturicchio's selbst.

Die Jungfrau sitzt in demütiger Haltung, die Hände zum Gebet vereinigt, auf einer Wolkenbank, während Cherubköpfchen den Schemel ihrer Füsse bilden, umgeben von einer stralenden Glorie, deren regenbogenfarbener Rand mit neun Cherubköpfen besetzt ist. Unten auf dem Rasen vor ihr kniet links ein heiliger Papst, dessen Pluviale mit einer breiten Stickerei eingefasst, in Nischen die Gestalten verschiedener Heiligen ent-

---

[1] In Farbendruck v. d. Arundel Society publicirt. Photogr. v. Alinari.
[2] S. 310 f.
[3] Gaye, Carteggio II, 434.

hält, und mit einer kostbaren Agraffe geschlossen ist; vor ihm steht das ebenso reich-geschmückte Triregno. Rechts betet ein heiliger Abt im Olivetanergewande, mit dem Krummstab im Arm und einer Mitra vor sich. Hinter ihnen erhebt sich rechts eine der bekannten Felspartieen, links ein hoher schlanker Baum, dahinter öffnet sich ein Tal mit einem Städtchen und reizvoller Fernsicht. Wol dieser ausführliche Hintergrund liess an die Mitwirkung des Matteo Balducci denken, und es mag nicht unrecht sein, wenn man denselben Schüler in den Landschaften der Taufcapelle des Doms von Siena und einiger Fresken der Libreria erkennt. Doch müssen die Hauptgestalten unbedingt dem Pinturicchio selbst verbleiben. Die Madonna erweist sich wieder als nahe Verwandte derer, die wir soeben in Perugia, Spello und Rom kennen gelernt; es ist das gleiche scharf und feingeschnittene Antlitz. Der Papst trägt die nämlichen Züge wie Pius II. auf den Darstellungen der Dombibliothek, und selbst verglichen mit Guazzalotti's Medaille [1]) könnten sie für die Pinturicchio'sche Uebersetzung eines Originalporträts gelten. Tief religiöser Ernst liegt in dem schmalen, langbärtigen Gesicht des Olivetanerheiligen, reizende, kindlich-schelmische Anmut in den Cherubköpfchen unter der Madonna. Die Leichtigkeit und duftige Zartheit des Vortrags, die seltene Einfachheit und Gleichmässig-keit der Gewandbehandlung, die lebendige und doch wolgestimmte Färbung, deren stumpfes Aussehen nur durch den rauhgewordenen Deckfarbenauftrag entstand, vereinigt sich harmonisch zum Ausdruck einer reinen und innigen Empfindung. Dabei sind alle Teile dieser Gestalten aufs Sauberste vollendet, die Hände der Betenden, die nackten Füsse der Madonna von ungemein edeler Durchbildung. „Opera stupenda, nennt es Gaye, fatta con una facilità straordinaria, ma sentita in tutte le sue parti e tutt' altro che tirata via di pratica."

Sollte dies die erste Bestellung des Cardinals Todeschini-Piccolomini gewesen sein, mit der sich Pinturicchio das Vertrauen dieses sorgfältigen und genauen Kenners er-warb? Jedenfalls steht die Arbeit in Auffassung und Durchführung den ersten Fresken in Siena sehr nahe, nämlich den 1504 vollendeten der Taufcapelle des Domes, besonders den Stifterbildnissen aus der Familie Aringhieri.

Am 29. Juni 1502 hatte nämlich Bernardino Pinturicchio mit dem Cardinal Piccolomini zu Siena, wo dieser die heissen Sommermonate zuzubringen pflegte, seinen Contrakt wegen der malerischen Ausschmückung der Dombibliothek abgeschlossen und kehrte, mit 300 Dukaten Vorschuss, nach Perugia zurück, um seine Familie und eine Anzahl geschickter Gehülfen nach Siena zu holen. In der Heimat fand er ja eine Reihe solcher Kräfte, die sich bei seinen eigenen Arbeiten, oder bei der Ausmalung des Cambio unter Perugino bewährt hatten. Zu den letzteren gehörte wiederum ein Schüler von ihm, den er in Rom bereits vielfach beschäftigt, und der auch hier an den Deckenbildchen der Wechslerhalle seine Herkunft von Pinturicchio nicht verläugnete. Er ist durch seine Bravourstücke in dem kleinlichen Faltenarrangement kenntlich, das besonders in weichen durchsichtigen Stoffen, flatternden Schleiern und gekräuselten Enden in überzierliche Schnörkelei ausartet. Da man seine römischen Versuche in den Werken Pinturicchio's bisher nicht beachtet, hat man ihn mit dem jungen Raphael ver-wechselt, den er, nach der zu Chatsworth befindlichen Skizze zum vierten Fresko der Libreria, zeitweilig angesteckt, oder aber unterstützt zu haben scheint. Seine mit Nadeln gesteckte Drapirung begegnet dann wiederholt auf den Wandmalereien zu Siena.

Auch den jungen Raphael selbst muss Meister Bernardino damals gewonnen haben;

---

[1]) Bei Friedländer, Ital. Schaumünzen. Taf. XXIV. 5.

freilich zu andersartiger Mitwirkung als jene Gesellen. Er hatte sein Geschick in selbständiger Zeichnung und Composition hinlänglich bewiesen, unter seinem eigenen Namen bereits eine Verherrlichung des hl. Nicolaus von Tolentino, sowie den Heiland am Kreuz mit den trauernden Seinen für Città di Castello gemalt, wo sich schon eine Kirchenfahne mit der Dreieinigkeit und der Schöpfung Eva's befand, und vollendete grade damals wol jene Krönung Mariae, welche die Bestellerin Maddalena degli Oddi gewiss vor der Verbannung ihrer Familie aus Perugia in die Kirche der Franziskaner gestiftet.

Ob Pinturicchio den hochbegabten Freund sogleich nach Siena mitgenommen, oder später zu einem Besuch veranlasst, muss dahingestellt bleiben, da wir auch den Zeitpunkt der Uebersiedelung des Unternehmers selbst nicht kennen. Dass aber eine Anwesenheit Raphaels in der Libreria zu Siena vorausgesetzt werden muss, da er genau verwertbare Entwürfe für historische Darstellungen daselbst liefern sollte, liegt so notwendig in den damaligen Künstlergewohnheiten beschlossen, dass kein Kenner echter Quattrocentoarbeit daran zweifeln sollte. Bei der genauen Rücksicht auf den Bestimmungsort, welche jeder Maler dieser Zeit zu nehmen gewohnt ist, wäre eine Wirkung in die Ferne ohne vorhergegangene Kenntnissnahme ganz undenkbar [1].

Indessen das Vorhandensein einiger Entwürfe und Skizzen zu den Fresken der Dombibliothek genügt vollständig, um die Teilnahme Raphaels darzutun [2]. In diesem Zusammenhang jedoch gilt es nur die chronologische Reihenfolge dieser sienesischen Arbeiten Pinturicchio's selbst zu überschauen, um darnach sein letztes Auftreten in Rom zu bestimmen.

Gewiss haben die Vorbereitungen für die Malereien der Libreria nicht geringe Zeit in Anspruch genommen. Schon die Decoration der Decke ist eine für die damalige Zeit ganz neue und schwierige Leistung, deren Voraussetzungen gewöhnlich viel zu gering angeschlagen werden. Der Cardinal Francesco hatte verlangt, die Decke solle, nach dem Vorbild der spätrömischen Innendecoration, in verschiedene Felder eingeteilt, nach Art und Zeichnung der sogenannten Grottesken ausgeschmückt, und in der wirksamen Farbenzusammenstellung dieser antiken Räume gehalten werden. Nur auf den Gesammteffect bedacht, hatte man auf jeden Zusammenhang mit den historischen Darstellungen darunter verzichtet.

So war der Meister genötigt eine selbständige Flächeneinteilung vorzunehmen. Die flache Wölbung dieses oblongen Saales erhebt sich auf Consolen über je vier Bögen an den Langseiten und je zweien an den Schmalseiten. Die Kappen über diesen Bögen und die Zwickel über den Consolen bilden sphärische Dreiecke von gleicher Grösse. Diese sind mit rein ornamentalen Füllstücken alla grottesca abwechselnd auf goldenem oder farbigem (blauem, schwarzem oder rotem) Grunde ausgemalt, die Grate und Rahmen dazwischen in erhabener Stuccoarbeit durch eine regelmässige Arabeskenkante, auf schwarzem Grunde, eingefasst, deren vielverschlungene verschiedenfarbig gefüllte Complexe mit Rhomben alterniren, in denen der goldene Halbmond der Piccolomini auf blauem Felde erscheint. Die eigentliche Deckenfläche wird durch eine gemalte doppelte Band-

---

[1] In Michelangelo's Contrakt mit Francesco Piccolomini wird ausdrücklich bedungen: „sia tenuto et obligato, innanzi cominçi affare esse figure, andare a Siena e vedere la Cappella, misurare . . ." und die Erben kommen bei ihrer Verhandlung darauf zurück. cfr. Milanesi, Lettere di Michelangelo . . . Firenze 1875, p. 617 e. 629. Doc. Sanesi III, 21.

[2] Ich darf zur Ergänzung des Folgenden überhaupt auf meine Schrift: Raphael und Pinturicchio in Siena, Stuttgart. Spemann 1880, hinweisen, obgleich man versucht hat durch Stimmenzählung und Majoritätsbeschluss die, leider mehrfach persönlich gewendete, Discussion dieser Angelegenheit zu schliessen (vgl. Woermann, Geschichte der Malerei, II, 625). Ich muss gestehen, in diesem Falle ziehe ich vor mit Männern wie Cavalcaselle, Liphart, Bayersdorfer, Müntz u. A. zu irren, als mit den Gegnern die angebliche Wahrheit zu wissen.

flechte eingerahmt; an den Schmalseiten legt sich sodann über die ganze Breite je ein oblonges Feld, das als Inschrifttafel dient; in der Längsachse sind drei Rechtecke mit architektonisch gegliederten Rahmen geordnet, deren mittleres das Wappen des Stifters, plastisch gebildet in schwerem Fruchtkranz, enthält, während zu beiden Seiten mythologische Scenen auf goldenem Mosaikgrund erscheinen. Zwischen diesen fünf Hauptstücken sitzen je zwei kleinere Bildchen, die teils durch allegorische Frauen auf tiefem Grünblau, teils durch Putten mit weissen Tüchern eingenommen werden, während an den Langseiten noch je vier oblonge Rahmen mit faunischen Darstellungen oder Triumphen der Meergötter und Fabelwesen aller Art, buntfarbig auf schwarzem Grunde, Platz finden, im Ganzen also 21 rechteckige Compartimente von verschiedenen Grössen, um welche eine einfache Grecque-Kante mit plastischen Rosetten herumläuft [1]).

Das Festhalten an diesen Bestandteilen der cassettirten Holzdecke zeigt noch, dass der Meister trotz seiner römischen Tätigkeit und den eifrigen Grottenstudien doch in der praktischen Verwertung der antiken Vorbilder nicht ganz zu selbständiger Freiheit durchgedrungen war. Die Abwechslung der Farbenflächen, die Austeilung der Contraste und deren harmonische Vermittelung unter einander offenbart dagegen eine Vertrautheit mit der Innendecoration jener Thermen und Palasträume, die wir bei keinem andern Maler antreffen, noch in diesen Jahren erwarten können [2]). Diese heitere leichte Schöpfung als Ganzes setzt ein gut Teil berechnende Arbeit des leitenden Meisters voraus, wenn auch die Ausführung untergeordneten Schülerhänden überlassen wurde. Grade die richtige Abtönung der Farben verlangte wiederum die Hand seiner römischen auf Grottenkendecoration eingeübten Gehülfen, ein beachtenswerter Umstand, welcher die Beteiligung Raphaels von vornherein unwahrscheinlich macht. Die mostri und miseugli selbst sind aber viel zu roh gezeichnet, nur auf die Ferne berechnet; die mythologischen Scenen und einige Füllstücke in Chiaroscuro stehen stilistisch der Art des Peruzzi näher.

Die Vollendung der Deckenmalerei kann erst nach der Stuhlbesteigung Pius' III. erfolgt sein, da die Inschrift ihn bereits als solchen nennt. Die plastischen Wappenschilder an den als Pilastercapitäle benutzten Gewölbconsolen tragen den Cardinalshut, die gemalten an den Sockeln unten die päpstliche Krone.

Als der Tod am 18. October 1503 dem Pontifikat des Francesco Piccolomini ein Ende machte, und seine Testamentsvollstrecker Giacomo und Andrea Piccolomini zunächst an wichtigere Dinge zu denken hatten, benutzte Pinturicchio die Zwischenzeit, sich dem Rector des Domes, Alberto Aringhieri gefällig zu zeigen, indem er in seinem Auftrag acht Fresken in der runden Taufkapelle, dicht neben der Libreria malte, wofür ihm am 14. August 1503 700 Lire gezahlt wurden. Im September desselben Jahres wurde eine Altartafel fertig, die er für Andrea Piccolomini, den Bruder Pius' III., gearbeitet, und am 8. November in der Familiencapelle zu S. Francesco rechts neben dem Hochaltar aufstellte. Inzwischen ist wahrscheinlich, ebenso wie am 15. September 1504 mit Michelangelo, auch mit Pinturicchio der Contract erneuert worden, gemäss dem letztwilligen Befehl des Stifters an seine Erben, — und bei den Vorverhandlungen mit diesen scheint unter Anderem der Carton zum ersten Wandgemälde von der Hand Raphaels vorgelegt

[1]) Die Hauptpilaster, auf deren die Zwickel(consolen) aufsetzen, enthalten buntfarbige Grottesken auf Goldgrund, die Nebenpilaster der als Rundbogenfenster charakterisirten Rahmen auf blauem Grunde grau in grau gemalte Candelaber, deren Ueberladung mit allerlei Gehänge, doppelt unpassend bei dem schmalen Raum, den zierlichen Grottesken gegenüber recht deutlich den Verfall des älteren Stils offenbart.

[2]) Abbildung bei H. Köhler, Polychrome Meisterwerke der monumentalen Kunst in Italien, Leipzig 1880, Bl. V. Minder gelungen die Publ. d. Arundel Society.

zu sein, der mit zierlichen Schriftzügen den Inhalt der Darstellung und erläuternde Namen darauf eingetragen hatte [1]).

Darnach wird mit der Wiederaufnahme der Freskomalerei nicht gezögert sein, die im weiteren Verlauf noch genug Störungen erfahren sollte. Ganz abgesehen davon, dass Pinturicchio daneben Zeit fand, am 13. März 1505 die Zeichnung einer Fortuna für den Fussboden des Domes zu liefern; der Tod des Andrea Piccolomini, der im Juni dieses Jahres erfolgte, scheint das Ganze wieder in Frage gestellt, jedenfalls eine längere Unterbrechung veranlasst zu haben.

Im Frühjahr 1506 wenigstens muss er die Beihülfe des Eusebio di San Giorgio in ausgedehnterem Masse in Anspruch genommen haben; denn er sichert ihm contraktlich die Bezahlung von 100 Golddukaten zu [2]).

Erst im Herbst finden wir ihn wieder selbst in Siena, nachdem er in Perugia Geschäfte geregelt. Dort aber präsentirte er bei der apostolischen Kammer nicht lange vor August 1506 [3]) ein Schreiben des päpstlichen Cardinalcamerlengo, das von Rom, den 29. Juli 1506, datirt ist und einen früheren Aufenthalt im Dienste des neuen Papstes Julius II. wahrscheinlich macht.

Die Fresken im Chor von Sta. Maria del Popolo zu Rom.

Ein Schreiben des Cardinalcamerlengo Raphael Riario vom 29. Juli 1506, das Pinturicchio nicht lange darauf bei der apostolischen Kammer zu Perugia persönlich präsentirte, enthält die Anweisung an die päpstlichen Beamten, sie möchten mit der rechtsgültigen Installirung des Meisters Bernardino in den Besitz der ihm von Sr. Heiligkeit verliehenen acht Last Ackerlandes bei Chiugi und Poggio de Vagne nicht länger zögern, sondern alle dazu nötigen Instrumente und Schriftstücke ausfertigen. Am 18. August geschah die Einsetzung wie befohlen war, und zwar auf neunundzwanzig Jahre gegen die geringfügige Abgabe von zwei Goldgulden jährlich pro canone censu et recognitione dominj. Dies Schreiben, das sich Bernardino bei der Kammer in Rom ausgewirkt [4]), war demnach ein Mahnbrief, wie jene, die auch bei den Belohnungen durch Alexander VI. nötig waren, um in Perugia die Zweifel und Schwierigkeiten zu beseitigen; — es setzt also eine früher schon erfolgte Dotationsakte Julius' II. voraus, auf die sich der Cardinalcamerlengo unverkennbar zurückbezieht.

Pinturicchio musste also für den Papst Julius irgend etwas gearbeitet haben, und die Höhe des Lohnes lässt keine geringe Leistung vermuten. Nun war jedoch der Maler, wie die urkundlichen Daten seiner Tätigkeit ergeben, beim Tode Pius' III. in Siena beschäftigt, bis ins Jahr 1505, wo zuerst eine Lücke in der chronologischen Reihe

---

[1]) In den Uffizien zu Florenz. Herman Grimm wirft in Heft III des Jahrb. d. Kgl. pr. Museen (1882) die Frage auf, ob nicht diese Zeichnungen Raphaels erst um 1507/8 entstanden sein könnten. Das wäre, ganz abgesehen von Raphaels Stilentwicklung, mit der urkundlichen Chronologie dieser sienesischen Arbeiten unvereinbar.

[2]) Vasari, Opp. III, 530 u. 596.

[3]) Unter dem 18. August 1506 wird gesagt: Comparuisti coram nobis nuper, et quasdam litteras camerales produxisti. S. bei Vermiglioli, Append. p. XXXII.

[4]) Exponere fecit . . . b. Vermiglioli, App. XXXII.

bemerkbar wird, und der Tod seines Prinzipals Andrea Piccolomini die Ursache einer längeren Unterbrechung gewesen sein kann.

Was der Nachfolger Pius' III. dem geschickten Meister, dessen Freskomalereien in Rom noch in frischem Farbenglanz und Ruhme standen, damals auftrug, was dieser zur lebhaften Zufriedenheit des alten Borjafeindes vollendete, kann nicht wol Anderes gewesen sein, als die Deckenmalerei im Chor von Sta. Maria del Popolo.

Hier zuerst galt es die Tradition der Rovere wieder aufzunehmen, deren Wappenschilder und Stiftungen aus allen Capellen zu ihm sprachen. Sta. Maria del Popolo war die Lieblingskirche Sixtus' IV., seines Oheims; sie zu pflegen und zu ehren hat auch Giuliano della Rovere nicht gezögert, sobald er als Julius II. den päpstlichen Thron bestiegen [1]. Dies Motiv des Familienruhms steht deutlich genug zwischen den Zeilen Albertini's zu lesen, wenn er schreibt: Ecclesia S. Mariae de populo a Syxto IIII. fuit ab ipsis fundamentis cum claustro instaurata: quam hoc anno tua sanctitas non degenerans a patruo Syxto ampliauit pulcherrimisque picturis & sepulchris, cum nouis capellis & coemiterio Julio exornauit, ut dicam inferius de capellis.

Hier folgt dann die oben citirte Stelle über die Gründung der Chorcapelle mit den Malereien des Pinturicchio und den beiden Grabmälern, die hernach unter den sehenswürdigsten Grabmonumenten Roms noch einmal als Werke des Andrea Sansovino gepriesen werden. Die Angabe hoc anno kann bei der allmählichen Entstehung dieser Schrift nicht ohne Weiteres auf das Datum am Schluss bezogen werden [2]. Täten wir dies, so gerieten wir mit dem Jahre 1509 in Widerspruch zu den Daten jener Denkmäler, deren eines die Inschrift 1507 trägt, während das andere bereits 1505 vollendet wurde. Die Bestellung dieser umfangreichen Marmorsculpturen bei Andrea Sansovino, die Aufrichtung des ersten, das dann wieder den Auftrag für das zweite veranlasst haben wird, setzen jedoch voraus, dass der Umbau selbst vorangegangen war, während nur die Rücksicht auf diese Monumente andrerseits erklärt, weshalb die Malerei sich nicht auf die Wände erstreckt.

Unzweifelhaft bleibt aber, dass Julius II. erst als Papst die Chorcapelle erweitern lassen [3]; denn es geschah, laut Vasari, nach der Zeichnung des Bramante [4], der erst in den letzten Jahren Alexanders VI. nach Rom gekommen ist, und noch heut bezeugt die Form der beiden Fenster, in deren Mitte ein auf Säulen ruhender Bogen über das grade Gebälk der Seiten hinausragt, durch ihre Uebereinstimmung mit den Fenstern der Sala Regia die Herkunft von diesem Hauptarchitekten des Papstes. Die Glasmalerei dieser Fenster aber trägt Namen und Wappen Julius' II. zwischen Darstellungen aus dem Leben der Maria von der Hand des Claude und Guillaume Marcillac [5].

Schon Vermiglioli hat ausgesprochen, es sei guter Grund zu der Annahme, dass die Malereien dieser Tribuna nach 1503 und vor 1509 ausgeführt seien. Er fügte die

---

[1] Omitto Coronationem Virginis argenteam cum Angelis pondo lib. CJ. quam tua sanctitas dictae capellae donavit cum aliis muneribus (Albertini).

[2] Es kommt z. B. auch hoc anno MDVI vor, und für die Casa Piccolomini die unstatthliche, wol nur bei Lebzeiten übliche Bezeichnung: domus reue. Francisci Piccolominei car. senensis . . . Deshalb ist auch die Datirung 1509 für Pinturicchio's Malereien, die Ulichs Zeitschr, f. bild. Kst., V, S. 50, aufgestellt, hinfällig.

[3] Dies sagt auch Landucci, Origine del Tempio . . . alla porta flaminia detta del popolo. Roma 1646, pag. 26.

[4] L'accrescimento della cappella maggiore di Santa Maria del Popolo fu suo disegno. Vas. vita di Bramante. Opp. IV, p. 155.

[5] Vgl. Vasari, Opp. IV, p. 419. Der Stil der reducirten alten Teile dieser Glasmalereien trägt unverkennbare Spuren aretinischer Herkunft an sich: es sind directe oder indirecte Schüler des Piero de' Franceschi, die nur stellenweis die Art Signorelli's verraten. Jedenfalls kamen die Marcillac nicht, wie Vasari will, erst auf den Ruf Julius' II. aus Frankreich, noch direct nach Rom.

Vermutung hinzu, dass Pinturicchio wol dieser Arbeit grade die ansehnliche Belohnung von Papst Julius verdankt [1]), — und ich kann ihm darin nach obiger Prüfung der seitdem bekannt gewordenen chronologischen Daten nur beistimmen. Gestützt auf die soeben ausgeführten Wahrscheinlichkeitsgründe glaube ich indessen, dass als Entstehungszeit nur noch 1505 angenommen werden kann, zumal wenn man die stilistischen Merkmale dieser Fresken selbst in Betracht zieht.

Von dem Stilcharakter des Werkes sind wir ausgegangen, da wir zum ersten Mal die Angabe der neuesten Kritiker angezweifelt [2]), und dieses Argument soll auch hier als Hauptsache für uns entscheiden.

Die Decke des in Rede stehenden fast quadratischen Raumes hat die Form eines sphärischen Vierecks. Die constructive Gliederung des Kreuzgewölbes ist fast ganz versteckt, die an einander stossenden Kanten treten kaum merklich hervor, so dass für den Maler die Aufforderung zu selbständiger Einteilung der Fläche gegeben war. Zunächst wurden die Dreiecke der weit herabreichenden Zwickel abgetrennt, und während in der Tat die Kante der zusammentreffenden Wölbungen stark herausdrängt, sind grade hier Nischen mit vortretenden Pilastern und weitausladender Bekrönung dargestellt, in denen die vier Doctoren der lateinischen Kirche thronen. Die unteren Spitzen dieser Dreiecke sind mit geschmackvollen Ornamenten geschmückt, während die Mauerfläche oben mit einem Teppichmuster überzogen ist. Nach Abtrennung der Zwickel ergab sich oberhalb ein Achteck mit vier grösseren und vier kleineren Seiten. In der Mitte wurde ein gleichseitiges Achteck durch perspektivische Behandlung der umrahmenden architektonischen Glieder als Oeffnung charakterisirt, durch welche am blauen Himmel die Hauptscene, die Krönung Mariae in stralender Cherubglorie sichtbar wird. Daran schliessen sich in der Richtung der beiden Hauptachsen dieses Mittelbildes vier Rundöffnungen mit den Halbfiguren der Evangelisten; in der Richtung der Nebenachsen ebensoviel viereckige architektonisch gegliederte Rahmen mit den liegenden Gestalten von Sibyllen, der „Persica, Cimeria, Delphica und Erithea", die farbig auf goldenem Mosaikgrund erscheinen. Die vertieften Zwischenräume dieser neun Compartimente sind mit buntfarbigen Grottesken auf dunklem Grunde gefüllt, während lichtes Steingrau die umrahmenden Glieder der festen Architektur bezeichnet.

Das System dieser Deckendecoration gehört ganz in die Reihe der Lösungen, welche Pinturicchio unter dem Pontifikat Alexanders VI. entwickelt hatte. Es schliesst sich enger als die Gewölbmalerei der Libreria an die consequent architektonische Umdichtung des gebenen Raumes an, welche sich in Rom zur Zeit Sixtus' IV. ausgebildet; aber es ist eine inconsequente Abschwächung im Sinne des Grotteskenstils. Die meisterhafte Abwechselung und Abtönung der Farben geht über das in Siena geleistete hinaus, und während dort die Mühe, das grosse Mittelfeld angemessen zu füllen, unverkennbar geblieben, übt diese kleine Wölbung über dem quadratischen Raum durch die symmetrische Austeilung und glückliche Vereinigung verschiedener Raumfiguren im Verein mit der Kunst des Malers eine überaus harmonische Wirkung. Nur die Strenge einer vergleichenden Kritik lässt diese Leistung doch wieder als Compromiss zwischen zwei widerstrebenden Prinzipien, dem architektonischer Steindecoration und malerischer Scheindecoration erkennen. Ein solcher Versuch war eine notwendige Uebergangserscheinung, deren glückliche Farbenwirkung erst nach den Erfahrungen in der Libreria so gelingen konnte. Dazu kommt das Zurücktreten der plastisch gebildeten Zierleisten und Grate, die

---

[1]) S. 21 u. 64.
[2]) Vgl. Preuss. Jahrb. 1881, Januar, XLVII, 1. S., 55. Anm.

bescheidenere Anwendung des mit Stuck aufgesetzten Goldschmucks, die Abwesenheit der grossen Rosetten, welche sich in dem Mittelfeld der Libreria noch neben andern Elementen des Holzdeckensystems behaupten. In der Ausführung verrät sich durchgehends eine freiere Herrschaft über die Kunstmittel, eine fortgeschrittene Sicherheit und Präzision.

Wo die Zugkraft dieser decorativen Dinge versagt, muss der Stilcharakter der darin angebrachten Gestalten entscheiden. Maria bewahrt den oft besprochenen Madonnentypus, erscheint nur etwas älter als gewöhnlich; Christus hat die Züge der jugendlichen Idealköpfe, denen wir auf den ersten Fresken der Libreria begegnen, z. B. bei Enea Silvio auf der Abreise nach Basel, trägt aber den spitzen in der Mitte geteilten Bart, wie Kaiser Friedrich und der dritte seiner Begleiter hinter ihm. Die Köpfe der Sibyllen vollends scheinen wie ausgesucht unter den Damen bei der Begegnung mit Eleonore von Portugal. Die Erythraea hat grosse Aehnlichkeit mit der Prinzessin selbst; die Delphica trägt ihre geschlitzten Aermel und gleicht einem Ehrenfräulein; die Cimeria hat ganz den Kopf der Schleppenträgerin. Beweis genug aber, dass diese seltsam hingelagerten Frauen mit dem künstlich geringelten Faltenwerk nicht um 1483, sondern erst volle zwanzig Jahre später entstanden, sollte die Verwandtschaft mit Pollajuolo's Tugenden am 1493 vollendeten Grabmal Sixtus' IV. sein, deren eigentümliche Erfindung hier deutlich weiterwirkt. Dass Pinturicchio's Figuren indess seiner Arbeit in Siena näher stehen, zeigt sich auch sonst. Der Evangelist Johannes hat die Züge des langbärtigen Greises, der als nächster Zeuge Friedrichs III. erscheint; Lucas, der ein Madonnenbild malt, ähnelt dem Kopf des Kaisers, oder jenes spitzbärtigen Zuschauers vorn bei der Cardinalsweihe. Als Matthäus finden wir das beliebte Modell eines Jünglings mit gespaltenem Kinn wieder, das unter den Begleitern des Kaisers vor dem Camollñatore mehrfach erscheint, während sein Engel, der ihm das Tintenfass reicht, den Pagen bei der Krönung nahe kommt. S. Marcus endlich ist nur eine Vergrösserung des Alten gleich links neben dem König von Schottland in der Audienzscene.

Ueberhaupt macht sich in diesen Gestalten, auch in den Kirchenvätern besonders, ein Streben nach breiterem Vortrag der Formen bemerkbar, die Anwendung weiterer Umrisse, die der Maler indess nicht auszufüllen versteht, und streift damit an diese durch den Zug der Zeit sehr erklärliche Eigentümlichkeit, die uns an dem Tafelbilde zu S. Andrea in Spello, vom Jahre 1508, auffällt. Sonst hat die Formgebung spezielle Merkmale mit des Meisters Arbeit grade an den genannten Fresken zu Siena gemein, z. B. das breite Metacarpium der Hände und die langen Finger mit etwas eckigen Gelenken. Die Faltengebung endlich zeigt an mehreren Stellen, z. B. an Christus und der unteren Hälfte der Madonna, am Kleide der Persica und Erythraea die Manier eines Schülers, den wir bereits aus der Cappella Bella zu Spello nach Siena verfolgt hatten.

Das Ganze gehört unbestreitbar zu den sorgfältigsten, mit sichtlicher Anspannung aller Kräfte gearbeiteten Werken des Meisters, der sich begreiflicher Weise zusammen nahm bei dem Auftrag eines Papstes, dessen scharfes Urteil und rücksichtsloses Verfahren bei allen Künstlern schon bekannt sein musste, als er noch Cardinal war. Desto entscheidender zeugen die Anzeichen der Lauheit und Leere, die sich in diesen Gestalten bemerkbar macht.

Pinturicchio ist, was wir schon zu Spello und vor den Fresken der Libreria uns nicht verhehlen konnten, längst jenseits des Höhepunktes auf dem schnell abfallenden Wege der Selbstwiederholung, der Auflösung anheimgefallen. Wie sollte es auch anders sein, da der junge Raphael, den er schon bei der Erfindung seiner ersten Fresken in Siena zu Hülfe gerufen, seitdem Schritt für Schritt die umbrische Kunsttradition durchbrochen und zur selben Stunde das Fresko in San Severo zu Perugia geschaffen, die Ankündigung seines nahen Triumphes über die ganze alternde Generation. Kein Wunder, dass die Tätigkeit Pinturicchio's neben der wunderbaren Selbstentfaltung Raphaels nicht nur wie ein mit Anstand verhüllter Stillstand erscheint, sondern wie ein offener Rückgang aller geistigen, zumal productiven Kraft.

Es gehört denn auch gänzliche Blindheit gegen alle inneren Qualitäten dazu, den grossen Abstand zu verkennen, der zwischen der ersten und der zweiten Hälfte der Libreriafresken besteht, und die Erklärung abzugeben, dass sie fast ganz gleichwertig unter einander seien. Unsere Prüfung der chronologischen Folge und des natürlichen Ablaufs der Arbeiten Pinturicchio's genügt allein, den Widerspruch solcher summarischen Abfertigung mit den Axiomen historischer Forschung darzutun.

Erst zwischen dem Besuch in Perugia, wohin er nach Vollendung der Chorcapelle von Sta. Maria del Popolo gegangen, als ihm in Rom kein weiterer Auftrag blühte, also zwischen dem Hochsommer 1506 und dem Beginn des Tafelbildes für St. Andrea zu Spello, an dem er im April 1508 beschäftigt war, kann der zweite Teil des Freskencyklus der Libreria fertig geworden sein. Grade dies Gemälde von 1508 und was er später in Siena hinterlassen, sollten hinreichend bezeugen, dass wirklich Gutes nicht mehr von ihm zu erwarten war.

Das Drängen der Gönner und die eigene Selbstgefälligkeit, mit der er das Schreiben Baglioni's auf jenem Altarstück facsimilirt, dürfen über den Wert des gewiegten Meisters uns ebensowenig täuschen, als sie die Entscheidung einsichtiger Zeitgenossen aufzuhalten vermochten.

Eben im Jahre 1508 hat Julius II. das Urteil vollzogen, das die historische Entwicklung forderte, und das die Geschichte zu dem ihrigen macht.

Das Drängen Gentile Baglioni's, den Meister zur Rückkehr nach Siena zu bestimmen, da Pandolfo Petrucci ihn begehre, blieb zunächst erfolglos; denn von Rom her kam die lockendere Nachricht, der Papst wolle die Zimmer im oberen Stockwerk des Vaticans, die sogenannten Stanzen im alten Palast Nicolaus' V. so schnell als möglich herrichten lassen und bedürfe der geschicktesten Maler.

Pietro Perugino, der alte Günstling Giuliano's della Rovere war wol zuerst berufen. Bernardino Pinturicchio, Luca Signorelli von Cortona, und Gianantonio Bazzi, il Soddoma kamen hinzu. Die umbrischen Localmeister fanden sich freundschaftlich zusammen, verkehrten, wie uns Caporali erzählt, beim Bramante[1]), und zogen auch jüngere Künstler zu sich heran, wie Jacopo Tatti-Sansovino, für den Bramante väterlich sorgte[2]).

---

[1]) Caporali in s. Vitruvausgabe. Vgl. Vermiglioli, p. 5: „e con questo (Bramante) insieme con Pietro Perugino, Luca di Cortona, et Bernardino Perugino cognominato Pinturicchio ne siamo in Roma ritrovati in casa sua da esso invitati ad una cena."

[2]) Vasari, Vita di Jac. Sansovino (Opp. VIII, p. 490): „gli fu da Bramante trovata una camera pure in Borgo vecchio nel palazzo di Domenico dalla Rovere, cardinale di San Clemente; dove ancora alloggiava Pietro Perugino, il quale in quel tempo per papa Giulio dipigneva la volta della camera di Torre Borgia, . . . ch'el Sansovino pigliò gran-

Pietro Vannucci bekam das erste Zimmer zugewiesen, dessen Ecke an die Torre Borgia stösst [1]), heute nach Raphaels Fresko stanza dell' Incendio genannt. Er malte die vier Rundfelder der Decke, und decorative Füllstücke dazwischen, die noch heute erhalten sind, da sie Raphael verschonte, — traurige Zeugnisse, wie sehr auch er, sich selbst überlebend, erfindungsarmer Wiederholung verfallen war. In der Camera della Segnatura fand Soddoma ähnliche Beschäftigung. Wo Bernardino Pinturicchio und Luca Signorelli tätig waren, lässt sich nicht mehr constatiren; doch wird es in derselben Zimmerflucht, in der Stanza dell' Eliodoro und der Sala di Costantino, wie wir sie jetzt bezeichnen, bis an die Capelle Nicolaus' V. gewesen sein. Jedenfalls aber handelte es sich nur um ergänzende Arbeit, um Herstellung dieser Wohnräume für den Papst, der vor den Gemächern seines Todfeindes Borja einen Abscheu hegte: Albertini sagt ganz deutlich: „Sunt praeterea aulae & Camerae adornatae uariis picturis, ab excellentiss. pictoribus concertantibus hoc anno instauratae" [2]).

Der eigentliche Wettstreit vollzog sich nur zwischen Soddoma und Raphael, der inzwischen nach Rom gekommen und neben dem Schützling Agostino Chigi's in der Camera della Segnatura beschäftigt war; aber das Resultat traf auch die Aelteren mit. Die leichtgeschürzte Muse Bazzi's ward herausgeworfen und den Grauköpfen aus Umbrien bedeutet, heimzugehen.

Pietro Perugino zog nach Perugia heim, Pinturicchio nach Siena, um nicht wieder in Rom zu erscheinen. So bitter die Erfahrung sein mochte, ungerecht konnten sie die Entscheidung des Papstes nicht finden, der ja wol gewürdigt, was sie in ihren besten Tagen geleistet hatten. Perugino hatte den Mut in Perugia das unvollendete Jugendwerk Raphaels, die Glorie von San Severo, abzuschliessen, wenigstens als Raphaels Tod die Hoffnung auf seine Hand vereitelt; Pinturicchio aber musste ja zu gut selber wissen, was in dem jungen Urbinaten steckte, da er fünf volle Jahre früher ihn zu sich nach Siena gezogen.

---

dissima pratica con maestro Luca Signorelli, pittore cortonese, con Bramantino da Milano, con Bernardino Pinturicchio, con Cesare Cesarino

[1]) Vasari, Vita del Soddoma (Opp. VI. p. 385): „Pietro Perugino, che dipigneva la volta d'una camera che è allato a torre Borgia," —

[2]) Die Herausgeber des Vasari, Opp. III. 499. beziehen diese Stelle fälschlich auf das Appartamento Borgia. Wie hätte Julius II. in dieser Wohnung leben können, wo von allen Wänden der goldene Stier und ebenso naive als lächerliche Selbstbespiegelung des Spaniers sich aufdrängte.

VII.

Pinturicchio's Kunstcharakter und historische Stellung.

inturicchio's römische Tätigkeit liegt abgeschlossen vor uns. Seit den glänzenden Tagen des ersten Rovere, welche die sixtinische Capelle und die
Werke Melozzo's vollenden sahen, bis zum siegreichen Auftreten Raphaels,
dem die nächste Zukunft gehört, erstreckt sich ein Zeitraum von fünfundzwanzig Jahren,
der zwischen diesen leuchtenden Höhepunkten wie eine Periode des Niedergangs erscheinen muss. Die Mehrzahl sämmtlicher Malereien, die von 1484 bis 1508 in Rom
entstehen, trägt den Stempel der perusischen Localschule. Anfangs giebt Pietro Vannucci
den Ton an. Innocenz VIII. verfällt noch darauf, Mantegna nach Rom zu rufen;
Filippino Lippi malt für den Cardinal Caraffa. Aber Pinturicchio behält überall die
zweite Geige in der Hand, deren Partie immer mehr an Umfang gewinnt, bis ihr unter
Alexander VI. die Führung des Ganzen zufällt. Dies Vorherrschen der westumbrischen
Kunstrichtung charakterisirt die Herabstimmung des geistigen Lebens zwischen den
beiden Pontifikaten der Rovere unmittelbar und treffend.

Die Aufgaben, die sich damals den Künstlern darboten, beweisen, dass auch in der
Stadt der Päpste die grossartige monumentale Gesinnung dahin war. Zahl und Umfang
der künstlerischen Unternehmungen können nicht darüber täuschen, dass Zweck und
Ziel und damit der ganze Geschmack sich verändert. Selbst in den Aufträgen zum
malerischen Schmuck der Innenräume zeigt sich, wie überall die Eitelkeit des Einzelnen
eine kleinliche Rolle spielt. Heiligenlegenden wie historische Scenen werden anekdoten-
haft zurechtgemacht, und nicht sowol zur vollendeten Ausstattung öffentlicher Bauten,
als vielmehr zur ansprechenden Verzierung der Wohn- und Prunkgemächer, oder kleiner
Privatcapellen bestimmt. Der Sinn dieser Prälaten und Höflinge widerstrebt dem Ernsten
im Leben und im Denken; sie wollen in ihren Häusern und Palästen nur heiter unterhalten, in ihren Kirchen nur mässig gerührt, nicht ergriffen sein. Selbst die Geschichte
der Gegenwart, das Gestern und Heute, darf nicht zu packend, zu wahrheitsgetreu sich
aufdrängen; man sieht sie am liebsten auch als leichte Novelle behandelt.

Pinturicchio erfreut sich der Gunst vieler und nachsichtiger Herren; denn er giebt
was sie wünschen. Wol mag die Mattherzigkeit und Frivolität der Hauptstadt gar
Manches an ihm erklären; aber gewiss wäre nirgend anders die Möglichkeit eines so

ausgebreiteten Wirkens für ihn gewesen, als grade hier. Er hat in bevorzugter Stellung, selbständig und frei wie irgend ein anderer Meister sich entfalten dürfen, ja den Charakter einer ganzen Entwicklungsphase wesentlich mitgeformt: wir müssen ihn selbst für die Hauptsache verantwortlich machen. Es ist oft genug hervorgehoben, dass er bei seinen grossen Unternehmungen mancherlei Gehülfen beschäftigt, ja Teile der ihm gegebenen Aufträge weiter verdungen; aber es ist zu wenig in Rechnung gebracht, dass er eben dadurch auf die Kräfte, die er anstellte, so verschieden sie sein mochten, einen bestimmenden Einfluss gewann, sie zeitweilig zu möglichster Assimilation nötigte [1]) und so durch sein Beispiel weiter hinaus wirkte, als es sonst zu erwarten war.

Das rein religiöse Andachtsbild, das bei Perugino fast die ganze Breite des Schaffens einnimmt, tritt bei ihm mehr zurück. Unter den Darstellungen dieser Art überwiegen nicht die erschütternden Scenen der Passion, sondern bei Weitem die freundlichen Momente aus dem Leben Mariae; hier und da eine feierliche Ceremonie, nur ein oder zwei Mal trauernde Engel mit dem Leichnam Christi; nirgends eine Kreuzigung, eine Grablegung, oder die laute Klage um den Tod des Erlösers. Sonst aber drängt sich das rein erzählende Element, sei es Heiligenlegende oder profane Historie, als Hauptbestandteil unter seinen Stoffen hervor. So ist Pinturicchio der eigentliche Vertreter der umbrischen Schule in einem Zweige, zu dessen Ausbildung die übrigen Meister wenig Gelegenheit hatten. Die Geschichten im Appartamento Borgia, die Begegnisse Alexanders VI. mit König Karl VIII. von Frankreich, das Leben des Enea Silvio bleiben die wichtigsten Stücke seines Ruhmes, nach denen wir sein Wesen beurteilen müssen. Daneben freilich nehmen rein decorative Aufgaben eine ansehnliche, nicht minder bedeutsame Stellung ein.

Fragen wir, mit welchen Mitteln ausgerüstet der Maler diesen Stoffen gegenüber tritt, in welchem Sinn und mit welchem Erfolg er sie behandelt, so müssen wir die Summe seines Könnens gewinnen und auf dem sichersten Wege zu einem Urteil über seinen Kunstcharakter gelangen. Keinem Beschauer der Fresken in Aracoeli kann es entgehen, dass alle Gestalten, ja noch auffälliger die leblosen Gegenstände der Umgebung in einem kleineren Massstab genommen sind, als sonst bei seinen nächsten Kunstgenossen. Was aber diesen Eindruck hervorbringt, ist nicht allein die geringe Normalhöhe der Figuren im Vordergrund, sondern auch die ganze Auffassung der Körper im Raum. Inmitten einer Künstlergeneration, die sich einem so ernsten aufrichtigen Streben nach Wirklichkeitstreue ergab, überall ein so gesundes, ja leidenschaftliches Gefühl für die Wahrheit und Wärme des Lebens an den Tag legt, befremdet eine Anschauungsweise, die man nicht anders als eng, kleinlich, unzureichend benennen kann. Bemerken wir nun dasselbe bei den Werken von monumentalerem Zuschnitt; vergleichen wir etwa die Fresken in Siena oder in Spello, als lehrreichstes Beispiel hier das grosse Tafelbild in St. Andrea, und sehen, wie die Vergrösserung des Massstabes durchaus keinen stilistischen Fortschritt bedingt, vielmehr die Formen ebenso klein wie bisher gedacht, die Umrisse nur mechanisch verlängert und verbreitert, nirgends aber recht ausgefüllt sind, so müssen wir zu dem Schluss kommen, dass hier ein Grundmangel in der Organisation Pinturicchio's vorliegt. Daher das Puppenhafte bei fast allen seinen Gestalten.

Daraus scheinen auch andere Schwächen erwachsen. Die Zeichnung des menschlichen Körpers ist fast immer unsicher oder conventionell, und „umschreibt die Formen

---

[1]) Mag nur an die bezeichnende Stelle im Contrakt des Cardinals Francesco mit Michelangelo (1501) erinnert werden: „et non si mostri maestro et mano diversa — che ognuno el vedesse, dirla fusse sua opera." Milanesi, Lettere etc. p. 618 u. Doc. San. III, 22.

weniger durch Bogenlinien, als durch häufige Ueberschneidungen in stumpfen Winkeln." Die sorgfältigere Behandlung des Nackten wird sofort ängstlich und gequält; bei den bekleideten Figuren entbehren wir die verständliche Wiedergabe der Hauptgliederungen des Leibes nicht selten. Die Formgebung ist dürftig und unschön; die Arme und Beine lang, hager, auch der Rumpf übermässig gestreckt. Die Bewegung der Gliedmassen muss schon deshalb eckig ausfallen, selbst bei ruhiger Haltung, erhält jedoch bei lebhafterer Aktion den Anschein der Hast und nervöser Heftigkeit. Sowie mehrere Personen bei einander sind, stehen gewiss einige nicht fest auf ihren Füssen.

Darnach bestimmen sich auch seine Typen. Die Frauen sind nie üppig, die Kinder nie blühend; seine schönsten Madonnen, Jesusknaben und Putten haben immer feste Contouren, scharfgeschnittene Nasen, Augen, Brauen und Lippen, die jugendlichen Gestalten stets die Schlankheit, Magerkeit, ja nicht selten das Kraftlose des Uebergangsalters; die älteren Leute, besonders die Greise, ein abgespanntes, verkümmertes Aussehen. Im Ausdruck der letzteren überwiegt stets etwas Müdes, Grämliches, während bei den Jüngeren oft liebenswürdige Freundlichkeit begegnet. Seine Madonnen sind bescheiden und scheu, lieblich, aber ohne recht freie Anmut, seinen Kindern und Engeln fehlt häufig die Naivetät und Frische. Wie er in der Modellirung nie die schwellende Fülle der Formen und Weichheit des Fleisches anstrebt, welche Perugino so bald geläufig ward, wie er sich nirgends auf die eingehende Ausführlichkeit in körperlicher Schönheit einlässt, so bleibt auch der seelische Ausdruck stets auf einer unentwickelten Stufe stehen.

Er steigert die religiöse Empfindung nicht bis zu dieser Innigkeit oder gar Verzückung, die Perugino liebt; nirgends begegnet ein Auge, das in Thränen schwimmt, in keinem Antlitz wohnt die tiefe Wehmut oder zuckt der Schmerz in den Zügen. Während Perugino das tragische Pathos immer mehr betont, sich bemüht, durch seine schmerzbewegten Vorbilder die andächtigen Beschauer mit zu ergreifen, und so selbst bei ruhigen Gestalten Gemütserregung, schwärmerische Asketenekstase zur Schau stellt, bleibt Pinturicchio der sentimentalen Seelenmalerei fremd. Erst seit der Rückkehr nach Perugia und im Verkehr mit Gehülfen aus dem Atelier Perugino's dringt das himmelnde Wesen auch in seine Darstellungen ein, als es dort bereits schablonenhaft wiederholt wird, und so bleibt es ein conventionelles Mitmachen der Mode, mischt sich zwischen die sonstigen Typen wie irgend ein Charakter, ein Costüm, das er den Franzosen oder Türken in Rom entlehnt hat. In Siena, in Spello drängen sich überall diese peruginesken Masken hervor; in früherer Zeit dagegen ist erhöhter Gefühlsausdruck bei ihm selbst immer ein Symptom directer Berührung mit Pietro Vannucci. Selbst Fiorenzo di Lorenzo hat in seinen späteren Andachtsbildern grössere Wärme und lebhaftere Erregung. Auch Pinturicchio verleiht seinen heiligen Familien, seinen Madonnen und Schutzpatronen umbrische Zartheit und Stimmung, ja die stille Sanftmut seiner Maria, die sinnige Teilnahme seiner Heiligen, die ruhige Schönheit der Köpfe gewährt oft einen reinen Genuss. Gewiss sind die thronende Jungfrau und die Halbfiguren der Verkündigung auf der grossen Altartafel der Galerie zu Perugia, sowie jenes zarte, in seiner Einfachheit entzückende Bildchen der Sakristei von Sta. Maria Maggiore zu Spello Beweis genug für eine fein angelegte Künstlerseele. Aber diese Fälle glücklichsten Gelingens sind selten. Gewöhnlich erscheinen solche Köpfe wie Knospen, die noch aufbrechen wollen, und üben deshalb einen eigentümlichen Reiz auf uns aus; aber die genauere Prüfung führt zu der Erkenntniss, dass diese Unerschlossenheit nicht auf Zurückhaltung beruht, sondern nichts ist, als ein Deficit der Beseelung. Denn dieser unfertige Zustand kehrt auch dort wieder, wo er nicht, wie bei dem stillen Mutterglück, erklärlich und verständlich ist, wo wir vielmehr deutlich ausgesprochene Teilnahme, intensive

12

Erregung des Augenblicks erwarten müssen. Mag bei einigen Personen die heftige Bewegung den Ausdruck ersetzen, so fällt bei anderen umsomehr die Gleichgültigkeit ihres Benehmens auf, und fast überall erscheint jene Ungleichmässigkeit in den Beziehungen zur Hauptsache, die nur auf einer unzureichenden Verarbeitung, auf momentaner Flüchtigkeit oder natürlicher Oberflächlichkeit beruhen kann. Da dieser Mangel an Intensität der Auffassung, an ausdauernder Wärme und Energie der Durchführung überall wiederkehrt, in den Werken der besten Zeit wie der Disputation der hl. Katharina im Borjazimmer ebenso auffällt wie in den Werken späterer Routine, so muss man auch hierfür die Ursache in der Begabung Pinturicchio's suchen.

Daraus ergiebt sich als unvermeidliche Folge, dass auch seine Charakteristik vielfach zu wünschen übrig lässt, nie recht zu voller Freiheit und kräftiger Entfaltung gelangt. Er erschafft die biblischen Personen, die Heiligen und Propheten, die Könige und Philosophen, die Prälaten und Cavaliere, die er uns vorführt, nicht nach dem jedesmaligen Bedürfniss des Stoffes, nicht aus dem lebendigen Interesse für den gegebenen Vorwurf, für das eigenartige Factum heraus, sondern wiederholt mit Leichtigkeit und ohne ängstliche Wahl, was ihm die Gelegenheit zugeführt, was durch einmalige Aneignung in sein Repertoir übergegangen ist. Ja, recht viele Lieblingsfiguren seines Personals, die wir zunächst für sein Originaleigentum halten, erweisen sich als Erbstücke aus dem Bernardinobildchen Fiorenzo's: diese schlanken Jünglinge und zierlichen Pagen, die spitzbärtigen Männer mit weiten Mänteln und abenteuerlichen, turbanartigen Hüten. Dennoch kann es beim Ueberblick über die zahlreiche Schaar nicht entgehen, dass verhältnissmässig viel Entlehnungen aus der Wirklichkeit, aus seiner zufälligen Umgebung vorliegen. Zunächst muss dies an der bunten Mischung des Costüms auffallen. Während Perugino nur selten. — bei einigen Kriegern in voller Rüstung oder jungen Burschen in enganliegender Tracht. — über die ideale biblische Kleidung hinausgeht, treffen wir bei Pinturicchio die verschiedensten Erscheinungen: den Ornat der geistlichen Würdenträger und päpstlichen Beamten, der Stadtmagistrate, einfache Bürgersleute, daneben Türken und Sarazenen und allerlei Phantasiecostüme für die Zeit der Fabel und Legende, wie für die nächste Vergangenheit, gewiss häufig zurechtgemacht nach den Einfällen damaliger Modehelden. Selbst ein Streben nach Abwechselung in der Art die Gewänder zu behandeln ist unverkennbar, freilich mit anmutigen und unschönen Resultaten nebeneinander. Mit den mehr oder minder schattenhaften Personen der Bibel oder Historie contrastiren dann Bildnissfiguren auf das Wunderlichste. Aber von eigentlich realistischer Kraft und wahrheitsgetreuer Wiedergabe der Individualität sind nur wenig Beispiele vorhanden, wie die beiden Stifterporträts auf den frühen Altarbildern zu Valencia und San Severino, hernach der kniende Papst Alexander bei der Auferstehung Christi im Appartamento Borgia. Entschieden schwächere Leistungen sind die Bildnisse aus der Familie Bufalini in Aracoeli, während Aringhieri in der Taufcapelle des sieneser Domes in der damaligen Manier des Meisters idealisirt ist, ganz ähnlich dem Papst und dem Abte des Bildes zu San Gimignano. Was uns sonst in dieser Art zwischen den Personen historischer und allegorischer Darstellungen im Appartamento, in Spello und Siena den Charakter des Bildnissmässigen zu tragen scheint, ist doch soweit den direct erfundenen Figuren angeglichen, dass eine genaue Unterscheidung schwerfällt. Ihre Züge sind wieder zu allgemein, das ganze Gehaben zu conventionell, die individuellen Eigenheiten, die Frische des Lebens zu sehr abgeschwächt und in die gewohnte Ausdrucksweise des Malers übertragen. Er macht es mit den Charakteren, die ihm entgegentreten, ebenso wie mit den Costümen. Er lässt sich kaum einmal darauf ein, die Stoffe in ihrer Verschiedenheit wiederzugeben und bei aller Ausführlichkeit, mit der nebensächliche Details angebracht werden, bekommen wir doch nirgends den Eindruck voller Echtheit und Treue. Die Kleidung dieser Leute nimmt sich aus wie vielgebrauchte Theatergarderobe und ihre Köpfe sind nach dem herkömmlichen Typus der Rollen zurechtgemacht. Rechnet man nun noch die ebenso oberflächliche Behandlung der sonstigen Requisiten, besonders der umgebenden Architektur hinzu, deren hier und da krassrealistische Ausführung in bemaltem und vergoldetem Stuck uns über den Mangel an Richtigkeit nicht täuschen kann, so erklärt sich, weshalb alle seine Menschen so unpersönlich, alle seine historischen Darstellungen so wenig bezeichnend, wie Bilder aus dem Märchenbuch nicht selten kindisch erscheinen, so erklärt sich, wie selbst das Leben des Papstes Piccolomini alle anderen Vorzüge eher hat als Ernst und Würde.

Diese Mängel würden wir gern vergessen, ja sie würden vielleicht zu Vorteilen für die Leichtigkeit des Schaffens werden, wenn eine lebhafte Phantasie mit eigener reicher Erfindung zu Hülfe käme. Indessen schon aus der Beschaffenheit der einzelnen Personen erhellt, dass auch die Scenen selbst keinen höheren Wert haben können. Mit leblosen Gebärden und mattherzigen Wesen lässt sich keine frischbewegte Handlung zusammenstellen, kein wärmeres Interesse erzielen; die Beziehungen der Personen untereinander bleiben notwendig flau und äusserlich. Eine grosse Zahl der Aufgaben, die ihm zufiel, bestand allerdings in Ceremonienbildern, feierlich symbolischen Vorgängen, bei denen sein Verfahren ausreichen mochte; doch öfter als billig, mehr als wir bei einem echten Künstler erwarten und zugeben, hat er das Thema nach seiner Weise veräusserlicht und den drastischen prägnanten Moment, der sich darbot, umgangen. Er vermag es nicht, die Aufgaben in ihrer Eigentümlichkeit anzugreifen und von Innen heraus durchzuarbeiten. So fehlt seinen Erzählungen oft die deutliche Pointe. Dagegen hat er einen kunstgeschichtlich bedeutsamen Vorzug mit Perugino gemein: fast immer schildert er nur eine bestimmt abgegränzte Scene im Vordergrund seiner Gemälde, ja mit wenigen Ausnahmen bleibt diese Scene allein in ihrem deutlich ausgebildeten Rahmen. Nur hier und da einmal erblicken wir im Hintergrunde, mit absichtlicher Zurückschiebung, eine zweite oder dritte Episode der nämlichen Erzählung. Dadurch unterscheidet er sich wesentlich als Umbrer von den lustig fortfabulirenden Florentinern, sobald Perugino in der Taufe Christi und der Schlüsselübergabe dieses neue Prinzip herausgebildet.

Sonst freilich weicht Pinturicchio's Verfahren bei der Anordnung und Composition seiner Historien in mancher Hinsicht merklich von seinem Meister und Schulgenossen ab. In der Perspektive muss er schon durch Fiorenzo di Lorenzo strengere Grundsätze überkommen haben, als die Mehrzahl selbst der Florentiner damals befolgte. Der Verkehr mit Pietro Vannucci kam dann hinzu; aber er hat diesem nur die Aeusserlichkeiten seiner Praxis abgesehen. Gewöhnlich macht er sich die Sache bequem, indem er den Mittelpunkt des Höhenlots als Augenpunkt für seine Bildfläche annimmt, unbekümmert, ob das Verhältniss der gegebenen Breiten und Höhenmasse etwa eine Abweichung von dieser leichtesten Construction erfordert. Bei schmalen, stark überhöhten Flächen, wie in der Libreria zu Siena, erwächst daraus ein grösserer Nachteil. Die Verjüngung des Massstabes der hintereinander stehenden Figuren wird zu stark, die Abnahme erscheint zu schnell und wahrheitswidrig, der Boden, auf dem diese Figuren stehen, sieht aus wie eine steil ansteigende Bühne, auf der keiner recht festen Fuss fassen kann. Zu dieser Unsicherheit der ohnehin nicht strammen Gestalten kommt dann der schon bei Perugino's Schlüsselamt auffallende Uebelstand, dass der Hintergrund mit seinen Baulichkeiten, Felspartieen, Bäumen u. dgl. sich zu hoch über die Köpfe der Hauptfiguren hinaufschiebt und die Entwicklung des dargestellten Raums in die Tiefe empfindlich erschwert, wo nicht völlig vernichtet.

Perugino hat Gesetze der perspektivischen Construction auch als Regulativ für die Anordnung seiner Figuren verwertet; indem er vom Centrum, das als Augenpunkt angenommen ist, ein System von Radien an den vorderen Rand der Bildfläche zieht, welche die Aufstellung seiner Gestalten des Vordergrundes normiren. Diesen praktischen Grundsatz, der zugleich sowol mit den Prinzipien architektonischer Gliederung und symmetrischen Aufbaues, als auch mit dem Streben nach plastischer Freistellung jeder einzelnen Figur im Zusammenhang steht, hat Pinturicchio nicht gekannt, oder doch nicht in seinem Sinn und Wesen begriffen. Zuweilen treffen wir in seiner Gruppirung wol Handgriffe an, die er dem besser unterrichteten Meister Vannucci abgemerkt hat; mit der Hauptsache aber, aus der sie erwachsen sind, hat er nichts anzufangen gewusst. Hatte doch Perugino selbst die künstlerische Verarbeitung der Gesetze des Raumes und des menschlichen Sehens, die damals der Mehrzahl fast ein Geheimniss war, nur seinem Verkehr mit einem wissenschaftlichen Kopf wie Piero della Francesca oder dessen Freund Luca Pacioli zu danken; zeigt doch Perugino aber auch einen ausgesprochenen Sinn für architektonische Dinge, eine unter den Malern damals hervorstechende Geläufigkeit in perspektivischer Zeichnung und aller Schwierigkeiten des verjüngten Massstabes. Mit alledem ist es bei Pinturicchio sehr dürftig bestellt. Seine sämmtlichen Darstellungen wirklicher oder erdichteter Bauwerke sind untergeordnete Leistungen, und so hatte er auch kein Verständniss für die innere Gesetzlichkeit einer Composition, für den strengen Zusammenschluss um einen auch geistig bedeutsamen Mittelpunkt. Seine Anordnung ist im Wesentlichen nur eine Massenverteilung, eine äusserliche Disposition nach decorativem Gleichgewicht. Das Bedürfniss der Raumausfüllung, nicht der Wert und die Bedeutung der Personen bestimmten, wie wir gesehen, seine wichtigsten Compositionen, wie die Verteidigung der hl. Katharina vor dem Kaiser. Ja sogar mit der äusseren Gleichwertigkeit nimmt er es gelegentlich nicht eben genau: in der Geschichte der keuschen Susanna ist die Mitte durch den Bronnen markirt; aber im Vordergrunde stehen alle Personen rechts, während gegenüber nur Kleidungsstücke und eine Hindin im Grase liegen.

Damit hängt ein Weiteres zusammen. Während Perugino sich überall auf die notwendigen Gestalten, ja möglichst wenige beschränkt, diese jedoch vollwertig behandelt, führt Pinturicchio, wo es der Gegenstand fordert oder gestattet, besonders seitdem er sich an die Darstellung von Haupt- und Staatsactiónen gewöhnt, eine möglichst zahlreiche Zuschauermenge ein, sei es aus Nachgiebigkeit gegen Gönner und Standespersonen, die ihr Bildniss angebracht wünschen, sei es aus eigenem kindlichem Bedürfniss nach einer Statistenmasse, die das Volk vorstellt. Diese Vielheit der Figuren, welche häufig in Ueberfüllung, in ein Vollpfropfen mit Köpfen, die auf keinem festen Leibe mehr aufsitzen, entartet, kommt es ihm auf genaue Durchbildung der einzelnen Gestalt nicht mehr an, ja im Vergleich mit Perugino zeigt sich eine durchgehende Schwäche in der Modellirung der Formen, in der Verteilung von Licht und Schatten zwischen den Gruppen, genug, in der plastischen Hervorhebung der Körper im Raum. Dieser Mangel erklärt sich aus seiner malerischen Technik, in Tafelbildern, wie im Wandgemälde, worin er hinter Perugino zurückgeblieben. Dieser modellirt die Köpfe und alle nackten Teile seiner Gestalten mit einer Sorgfalt und Weichheit, die das Studium nach plastischen Vorbildern, die Technik des Verrocchio, des Lionardo und Lorenzo di Credi verraten; er bringt dies mit einem bräunlichen Ton der Schatten zu Stande, den wir aus Lionardo's unvollendeten Arbeiten kennen. Pinturicchio hat freilich anfangs bei seiner Herkunft von Fiorenzo di Lorenzo auch eine bräunliche Carnation, d. h. nur in der Hautfarbe; in der Mehrzahl seiner Werke erscheint er immer platt, grau und kalt, so hell und bunt seine sonstigen

Farben sein mögen. Für diese Feinheiten muss ihm das Verständniss gefehlt haben, da er sich nie bemüht, oder nie die Zeit gelassen, über die hergebrachte Temperafarbe hinauszugehen und sich die Verbesserungen anzueignen, welche Meister wie Piero de' Franceschi, Pollajuolo und Verrocchio eingeführt, welche Perugino in den neunziger Jahren zu Florenz in vollem Mass aneignete und weiterbildete. Diese Unkenntniss in der Tafelmalerei bestrafte sich unmittelbar in seinem Fresko. Er hat es, vielleicht weil er sich auf keine Neuerungen und Versuche, die Töne zu vertiefen, einliess, zu einer Fertigkeit und Sicherheit gebracht, die ihn vor vielen Zeitgenossen auszeichnen. Ausgebreitete Uebung und Präzision des Verfahrens sind die Ursache, dass seine späteren Arbeiten, schon einige günstig gelegene Wandgemälde im Appartamento Borgia, dann im Chor von Sta. Maria del Popolo und in der Libreria zu Siena die besterhaltenen Fresken dieser Zeit sind. Aber der Charakter aller dieser Malereien ist mehr eine heitere Buntheit, leichte fast spielende Flachheit der Behandlung; Niemand wird ihre Vorzüge als die Frucht angespannter Mühewaltung erkennen.

Nach diesen Bemerkungen erst wird es möglich zu beurteilen, welche Bewandtniss es mit Pinturicchio's „Landschaften" habe, die sonst bei der übrigen Ausstattung seiner Hintergründe besprochen werden mochten. In der Tat kommen unter den erhaltenen Werken des Meisters auch nirgends selbständige Landschaften vor. Nur aus dem Bericht Vasari's wissen wir, dass er im Auftrag Innocenz' VIII. eine ganze Loggia des Belvedere mit Städteansichten, darunter Rom, Mailand, Genua, Florenz, Venedig und Neapel ausgemalt, — und zwar „alla maniera de Fiamminghi". Schon die Worte „paesi —, e vi ritrasse Roma etc." bezeugen hinreichend, dass wir nicht an Landschaften in unserem Sinn zu denken haben [1]).

Welchen Wert wir aber diesen Ansichten beizumessen, und in welchem Sinn wir die „flandrische Manier" aufzufassen haben, darüber müssen jedenfalls die erhaltenen landschaftlichen Hintergründe belehren. Eine Charakteristik Pinturicchio's im Unterschied von Perugino, welche der sienesische Geschichtschreiber Sigismondo Tizio in seiner Chronik gegeben hat, kommt uns trefflich dabei zu Hülfe: *Petrus (Perusinus) namque imagines penitus distinctas, nec ad invicem glomeratas, nec auro multo nec colore coelesti, ut melius apparerent coactabat. Bernardinus autem et viridentibus foliis et regionibus atque Urbibus aereo prospectu saepe adornabat, Ludium (?) imitatus antiquissimum pictorem, multisque lenocinis oblectantibus adornabat [2]).*

Unstreitig hat Pinturicchio mit Fiorenzo wie mit Perugino den umbrischen Sinn für Reize landschaftlicher Umgebung gemein. Das zeigt sich schon in den frühen selbständigen Leistungen, wie dem Fresko der Altarwand in der Cappella Bufalini, wo wir zwischen einer romantischen, abenteuerlich zerklüfteten Felspartie und einem prächtigen Palmbaum hindurch, über die nächsten Hügel auf einen See hinausblicken, dessen Ufer dort steil abfallende Höhen, hier fruchtbares Gartenland, in mannigfaltigen Spitzen vorspringt, oder hafenähnliche Buchten umrahmt. Ueber dem lachenden Gestade, dem Spiegel des Sees und den blauen Bergen glänzt ein wolkenloser Himmel. Im Appartamento sind das Martyrium Sebastians, die Himmelfahrt Christi in eine weite Landschaft verlegt: selbst die Ausgiessung des Heiligen Geistes geschieht, dem Bibeltext zuwider, statt im verschlossenen Raum, draussen in einem wunderlieblichen Hain, und die keusche Susanna wird in einem kunstreichen Liebesgarten überfallen. Voll Poesie ist die Gegend,

---

[1]) Der russische Kunstfreund Lermolieff ist durch seine falsche Uebersetzung des Wortes paesi dahin gekommen, den Pinturicchio für einen „Landschaftsmaler ersten Ranges" auszugeben. a. a. O. S. 304.

[2]) Chron. mscr. fol. 460. Dies unbeachtete Excerpt findet sich im Anhang Nro. XIX bei Vermiglioli, p. LXIII.

in welche uns die Anbetung des Kindes der ersten Capelle von Sta. Maria del Popolo
versetzt; in der Taufcapelle zu Siena erscheinen die Bildnisse des Aringhieri auf blumigem
Rasen in umbrischer Talsenkung mit Birke und Palmbaum; während die anmutige Ferne
an oberitalienische Natur erinnert, blicken wir durch die Halle des Königs von Schottland in freundliche Gauen hinaus; aber die malerische Ausführung gehört wol dem
Schüler Matteo Balducci. Die Abfahrt zum Basler Concil, die Begegnung des kaiser-
lichen Paares vor der Porta Camollia und die letzte Huldigung im Hafen von Ancona
sind mit jenen Städteansichten ausgestattet, die gewiss nicht zur Verschönerung beitragen.

Schon in der Anbetung von Sta. Maria del Popolo lässt eine Ueberfüllung mit den
mannigfaltigsten Gegenständen, die unsere Aufmerksamkeit fesseln, eine reine Wirkung
als Landschaft nicht aufkommen. In der Anbetung zu Spello stört uns vollends die eingehende Schilderung von allerlei Nebenwerk, das fern wie nah mit gleicher Sorgfalt
behandelt ist. Ueberall kehren gewisse Requisiten wieder: vorn die grossen Bäume,
besonders Palme und Cypresse, die nach Bedürfniss verlängert werden; seitwärts die
mehr oder minder hochgetürmte Felspartie, ein See und gewisse Gebäude. In den
Lüften einige Vögel in raschem Flug und ein Falke, der auf eine wilde Ente oder Gans
herabschiesst. Diese Ueberladung mit allerlei Kleinkram und die Kleinarbeit im Vortrag waren offenbar die Veranlassung zu dem übrigens arg hinkenden Vergleich mit der
flandrischen Weise. Mochte Vasari die Bezeichnung „flämisch" auch mit einer gewissen
Geringschätzung brauchen; grade die florentinischen Zeitgenossen Pinturicchio's haben
hier und da einen ähnlichen Anlauf genommen, — so Ghirlandajo, der auch jenen Falken
verschiedentlich anbringt, und vor Allen der unerschöpfliche Benozzo Gozzoli, dem die
Schilderung der bunten Tier- und Pflanzenwelt, Städte und Schlösser, Villen und Gärten,
der Vögel in den Lüften und der Fische im Wasser mit dazu gehört, wo er nur anhebt
nach seinem Behagen zu fabuliren.

Die Lust an dem Beiwerk, das ihm als notwendiger Bestandteil der Oertlichkeit
erscheint, die Staffage in Wald, Feld und Wiese, die er, wie die Leute auf den Gassen,
nicht entbehren mag, erklärt bei Pinturicchio auch die Ausbildung des Landschaftlichen,
ohne dass er nur im Entferntesten an den kräftigen Natursinn, an den redlichen Realismus Benozzo's hinanreicht. Er behandelt diese Nebendinge ringsum grade so, wie das
Zierwerk an seinen Costümen, nirgends vereinfachend dem Wichtigen zu Liebe, kleinlich
und doch oberflächlich. So kann denn auch von einer malerischen Auffassung des landschaftlichen Hintergrundes, von einer Verwertung für die künstlerische Wirkung des
Ganzen bei ihm nicht die Rede sein. Perugino behandelt alle diese Dinge allgemeiner,
ohne an Zartheit und Feinheit zu verlieren, ordnet sie einem höheren Zweck unter, —
und dies ist die Stimmung. Linien, Farben und Gesammtton seiner Landschaft sind
wesentliche Factoren des Gemäldes als solchen selbst. Lorenzo Costa in jenem Hauptbilde in San Giovanni in Monte zu Bologna, und Perugino, dem die ernsten, elegischen
Farbenaccorde seiner heimatlichen Fluren, die Abendbeleuchtung um den heiligen Hain
von Assisi und im Tal des Clitumnus so wol bekannt war, hatten eine Vorahnung der
malerischen Wunder, die erst den Meistern von Venedig gelingen sollten.

Pinturicchio konnte selbst diese Ahnung nicht aufgehen, da ihm die einfache Vor-
bedingung dafür fehlte: die Kenntniss der Luftperspektive, auf deren Gesetze Perugino
gewiss von Piero de' Franceschi aufmerksam gemacht war. Andererseits wurde ihm das
Festhalten einer einheitlichen vollen Empfindung eben durch jene Verzettelung an „lauter
schöne Gegenstände" unmöglich gemacht.

Diese unläugbaren Gränzen seiner Begabung bedingen indess wieder die eigentümliche Auffassungsweise aller Stoffe, die er behandelt, und erklären die immer deutlicher

hervortretende Richtung auf das Decorative, der er seine wichtigste zeitgeschichtliche Bedeutung dankt. Hier wurden alle Mängel seiner Darstellung historischer und biblischer Vorgänge zu Vorzügen, ja die Ursache seiner charakteristischen Neuerung. Freilich, mit seinem Auftreten entweicht der kräftige Sinn des Quattrocento, ist es vorbei mit der rückhaltlosen Verherrlichung des Charakters, der Individualität, und ein redseliges, aber unpersönliches Fabuliren tritt an ihre Stelle. Damit war er aber auf dem besten Wege, sein Eigenstes geltend zu machen. Seine angeborene Kleinsichtigkeit verjüngt den Massstab für Alles: die schlanken Gestalten, die lebhaften flüchtigen Bewegungen und der reiche Vorrat an Beiwerk und Staffage waren ja wie geschaffen für die Aufgaben der Decoration. Der Sinn für Goldschmuck und Geschmeide, die Bänder und Troddeln, Perlen und Edelsteine, mit denen er die ernsten Helden, wie die allegorischen Frauen über die Gebühr behängt, jene lenocinia oblectantia wurden hier zum schätzbarsten Capital. Auch die heitere Buntheit seiner Farben, die Leichtigkeit und Schnelligkeit seiner Technik kamen ihm trefflich dabei zu Statten. Genug, die ganze Organisation seines Wesens war eine durchaus glückliche für diesen Kunstzweig und befähigte ihn hierin durchaus Anerkennenswertes, ja Eigenartiges zu leisten.

Anfangs folgt er natürlich dem streng architektonischen Decorationsstil, wie er zu Rom unter Sixtus IV. ausgebildet war. Die Einrahmung und Ornamentik in der Cappella Bufalini beruht ausschliesslich auf Vorbildern römischer Marmorarbeit. Dann aber vollzieht sich in vielfacher Berührung mit Perugino die Umgestaltung im Sinne des westumbrischen Geschmacks, bis ihm in den ersten Jahren Alexanders VI. umfangreiche Aufgaben zufallen und zugleich die neuen Elemente zuwachsen, die den völligen Umschwung herbeiführen. Das Appartamento Borgia ist bei allen Bedenken gegen den künstlerischen Wert der einzelnen Gemälde im Ganzen als Werk der Innendecoration eine sehr hervorragende, harmonische Leistung, deren Wichtigkeit innerhalb der geschichtlichen Entwicklung dringend betont werden muss.

Pinturicchio ist es, der das Studium der verschütteten bis dahin fast unbekannten Palastbauten und Thermen der Kaiserzeit für die Innendecoration verwertet. Er führt den Stuccozierrat in die Wandbekleidung ein nach den Vorbildern, welche die Grotte in freilich zunächst unerreichbarer Vollkommenheit darboten; er entscheidet den Sieg des Grotteskenornaments über die bis dahin üblichen auf plastische Bildung gerichteten Formen. Musste doch ihm besonders die Beseitigung strenger Prinzipien des Tragens, des Aufsteigens und Herabhangens, die Läugnung der architektonischen Festigkeit des Candelabers, die Auflösung des organischen Zusammenhalts der Ranken, das Wachstums der Pflanzen gar leicht und willkommen sein; galt es doch ein schnellfertiges, willkürliches Gemisch abenteuerlicher Mostri und miscugli dafür einzutauschen. Allerdings ist er in der Durchführung dieses Neuen ebensowenig consequent, wie irgendwo anders. Er nimmt die bequeme Beute der Grottenstreifzüge ohne viel Bedenken an, verwendet sie überall, da ihm der Beifall von Kennern und Auftraggebern entgegenkommt, begreift aber nicht den radicalen Unterschied dieses spätrömischen Decorationssystems von dem italienischen, das er übernommen hatte, und gelangt im günstigsten Falle zu einem Compromiss mit der alten Cassettendecke, wie in der Libreria zu Siena, oder mit dem durchbrochenen Gewölbe, wie im Chor von Sta. Maria del Popolo. Ein Zeichen besonderer Begabung ist dagegen sein Erfolg in dem Studium der Farbenwirkung antiker Innenräume; hier gelingen ihm Fortschritte, deren Wichtigkeit für die weitere Entwicklung nicht unterschätzt werden darf.

So knüpft sich an den Namen Pinturicchio eine Wandlung des decorativen Stiles, die, von seinen am päpstlichen Hof zu Rom geschaffenen Vorbildern ausgehend, sich

allmählich über ganz Italien und weit hinaus verbreiten sollte, eine Wendung zu phan-
tastisch spielender Zierlust, welche dem grossen Ernst monumentaler Wandmalerei, dem
Fresko im Sinne Masaccio's den Krieg erklärt. Es ist unläugbar, dass die Einführung
einer solchen Gattung, welche keinem Gesetz der Architektur mehr gehorcht, sich nicht
mit Statik und Mechanik abfinden will, der nüchternen Wirklichkeit mutwillig Hohn
spricht, wesentlich dazu beitragen musste, die Künstlerphantasie von dem Bann eng-
herziger Nachahmung zu befreien. Andererseits ist die Benutzung der leichtgeschürzten
Stubenmalerei spätrömischer Kaiserzeit, die man gewiss vor allen Dingen deshalb
bewunderte, weil sie antik war, nicht als erlösende Tat zu betrachten, deren Tragweite
dem Meister Bernardin bewusst gewesen wäre. Desto mehr erscheint sie als bedeutsames
Symptom der Uebergangsperiode, der die kerngesunde Kraft des Quattrocento abhanden
kam, als Vorzeichen, dass die Blüte der Hochrenaissance, so glänzend sie sein mochte,
doch keine lange Dauer verspreche.

Von dieser Stellung in der Geschichte der Ornamentik, speziell bei der Ueber-
führung der historischen Wandmalerei in die Decorationsmalerei, abgesehen, nimmt Pinturicchio in der Geschichte seiner Kunst und unter den Altersgenossen ungefähr einen
Rang ein wie Benozzo Gozzoli oder wie der Bildhauer Mino da Fiesole.

Mit dem Ersteren teilt er die ausgebreitete Tätigkeit der Wandmalerei, die Ausführung von Freskencyklen meist erzählender Art. Eine glückliche Herrschaft über die
Technik vereinigt sich bei beiden mit der heiteren Leichtigkeit ihrer Auffassung; was
Correctheit der Zeichnung und Perspektive, was die höheren Gesetze der Composition
betrifft, haben sie beide ein ziemlich dehnbares Gewissen. Doch das auffallendste Zeichen
dieser Wahlverwandtschaft, die Einführung landschaftlicher Gründe im weitesten Umfang,
zeigt zugleich auch die gründliche Verschiedenheit zwischen dem Florentiner und dem
Umbrer. Die gleichsam elementare Lust am bunten Getriebe des Lebens, an blosser
Nachahmung der Vegetation, des Getiers, was da kreucht und fleucht, ist bei Benozzo
unzertrennlich von echtem wahrem Realismus, mag das Resultat auch etwas derb und
linkisch ausfallen. Pinturicchio dagegen übersetzt Alles sofort in umbrische Zierlichkeit,
mag es noch so viel vom Schimmer des wirklichen Daseins kosten. Die perusische An-
schauungsform bringt er in seinen Augen mit, wenigstens kommt seine Hand nicht über
die gewohnte Formbildung hinaus; fast nirgends steht er der Natur naiv gegenüber.
Eben deshalb aber ist er dem Benozzo in dem einheitlichen Arrangement eines Innen-
raumes, in der Verteilung der Bilder und ihrer Einrahmung überlegen. Nichts ist geeigneter
den Unterschied in der Begabung des arg unterschätzten Florentiners zu erkennen, als
— wie so oft — im Vergleich der Pferde beider Maler. Und dann, welch ein Reichtum
der Phantasie, welche Fülle neuer Eroberungen aus Natur und Menschenleben bei Benozzo
gegenüber der armseligen Selbstwiederholung Pinturicchio's!

Zutreffender im Einzelnen ist trotz der Verschiedenheit der Kunstgattung die Aehnlichkeit mit Mino da Fiesole. Beide haben merkwürdiger Weise die Vereinigung zweier
fast widerstrebender Eigenschaften gemein; sie sind tüchtig und getreu, wo es gilt ein
Porträt nach der Wirklichkeit abzuschreiben; flüchtig, nachlässig, gewissenlos, wo die
selbständige Darstellung des menschlichen Körpers verlangt wird. Sie geben ihren Ideal-
figuren überschlanke Leiber, unproportionirte Gliedmassen, eckige Bewegungen, kleinliche oder flache Gesichtszüge und steife, einförmig gefaltete Gewandung; ja es fehlt dem
einen wie dem anderen der kräftige Sinn für Masse und Verhältnisse; sie vermischen
gelegentlich Gestalten von verschiedenem Massstab und zeigen einen schwächlichen Geschmack in architektonischen Dingen. Ein gewisser äusserer Liebreiz und die immer
ansprechende, wenn auch selten fein durchdachte Decoration täuscht zunächst über den

eigentlichen Wert ihrer Begabung, während ein Ueberblick über die Gesammtheit ihres Schaffens, die häufigen Wiederholungen belehren muss, dass sie im Grunde wenig originelle Kraft besassen. Sicher ist das Beispiel Mino's nicht ohne Einfluss auf Pinturicchio geblieben, dessen römische Tätigkeit mit der vorangegangenen des Florentiners vielfache Analogieen bietet. Die zahlreichen Bestellungen von Päpsten und Prälaten nötigen diesen wie jenen zur Schnellproduction, ja zur Beschäftigung verschiedenartiger mehr oder minder selbständiger Gehülfen, und veranlassen so die Bildung einer römischen Filialschule, deren ungleichwertige Erzeugnisse länger als billig unter dem Namen des Meisters, der ihn ursprünglich dazu hergeben mochte, auch bei uns noch gegangen sind.

Am wichtigsten und lehrreichsten bleibt indess immer der Vergleich Pinturicchio's mit Pietro Perugino, mit dem er deshalb wiederholt in dieser Beurteilung zusammengehalten wurde. Zeitlich, örtlich, persönlich einander nahestehend, wie sie sind, wurden sie in ihrer unterscheidenden Eigenart bis dahin oft noch verwechselt. Der Verlauf unserer Untersuchungen muss dazu beigetragen haben, Wesen und Entwicklung Beider, die sich vielfach berühren, durchgehends zu sondern, und so auch Manches, was in der umbrischen Localschule seit Anfang des 16. Jahrhunderts stets nur als peruginesk bezeichnet wird, auf Bernardino Pinturicchio zurückzuführen.

Excurs.

Pietro Perugino von 1482—1508.

Seit Crowe und Cavalcaselle's Darstellung der Tätigkeit Vanucci's ist viel urkundliches Material hinzugekommen, so dass mit Hülfe dieser Daten und einer genauen stilistischen Vergleichung die Chronologie seiner Werke wesentlich umgestaltet werden muss. Soweit sie für die vorstehende Betrachtung Pinturicchio's wichtig ist, soll hier der Versuch einer neuen Zusammenstellung gegeben werden, der auch sonst wünschenswert erscheint.

1446	geboren zu Città della Pieve.
c. **1460—66**	bei P i e r o de' F r a n c e s c h i in Arezzo u. s. w.
	Vasari, Vita di Piero della Francesca (Opp. **II**, 500): „Fu suo discepolo ancora Piero da Castel della Pieve, che fece un arco sopra Sant' Agostino, ed alle monache di Santa Caterina d'Arezzo un Sant' Urbano, oggi ito per terra per rifare la chiesa."
	Piero von Borgo San Sepolcro hat für Perugia selbst damals die thronende Madonna mit 4 Heiligen und der Verkündigung gemalt (jetzt in der Pinacoteca comunale), in Arezzo Wandmalereien ausgeführt, 1467—68 in dem kleinen Ort La Bastia zwischen Assisi und Perugia gewohnt, bis er zu Federigo Montefeltre nach
c. **1472**	*Urbino gieng. Bei diesem Meister wurde er jedenfalls mit dessen Hauptschüler Luca Signorelli nah bekannt, den wir dann 1472 in Arezzo beschäftigt finden, wo um dieselbe Zeit auch Perugino jene Arbeiten ausgeführt haben mag, die Vasari erwähnt. Für eine Verbindung mit Luca Signorelli zeugt das frühe Gemälde in S. Giovannino della Calza zu Florenz, das beiden gemeinsam gehört.*
c. **1475**?	*nach F l o r e n z in die Schule des Andrea del Verrocchio.*
	Frühe Arbeiten *(dieser Zeit)*: S. Martino alle Monache, fuor della Porta al Prato, zerstört, Camaldoli: „San Girolamo, in muro, magro ed asciuto, con gli occhi fissi nel Crocifisso, tanto consumato che pare una notomia." (Vasari.)
1478	Cerqueto, zwischen Perugia und Todi. Rom, Fresko in der Cap. della Concezione v. S. Peter? (Vgl. Müntz, Les Arts à la Cour des Papes III, 1. p. 147 ff.) oder vielmehr zw. 1484 u. 1494.
1478 · 82	*Florenz. Eifriger Anschluss an Verrocchio, der damals die Gruppe Christus und Thomas für Orsanmichele arbeitet.*
1482	Octob. 5. Auftrag mit Biagio d'Antonio **Tucci** die Fensterwand der Sala de' Gigli im Pal. Pubblico zu malen (Gaye, I, 578). Dec. 31. Widerruf des Auftrages, der dem abwesenden Filippino Lippi gegeben wird (Gaye I, 579).
1482, Oct.? bis	K o m. Malereien in der Cappella Sistina.
	Himmelfahrt Mariae mit dem knieenden Papst Sixtus IV., als Altarstück.

1483, Aug.	Findung Mosis } an derselben Wand, vom Altar aus { rechts.	
	Geburt Christi }	links.
	Reise Mosis und Beschneidung s. Sohnes } an den anstossenden Längswänden.	
	Taufe Christi }	
	Einsetzung des Schlüsselamts, weiterhin links.	

Setzt schon der Auftrag für den Pal. Vecchio in Florenz voraus, dass Perugino den besten florentinischen Meistern gleich geachtet wurde, so haben wir hier in der Sistina den ersten Höhepunkt seiner Kunstentwicklung zu erkennen, den er besonders im Wetteifer mit Ghirlandajo und Melozzo erreicht.

1483, Nov. 28. Perugia. Contrakt, das von Pietro di Galeotto († Mai 1483) unvollendet gelassene Altarbild der Cap. de' Signori auszuführen, einen Teil bis Decemb. d. J., das Ganze bis März 1484. Doch geht Perugino kurz darauf davon; denn noch im Dec. dess. J. wird mit Sante di Apollonio ein neuer Contract abgeschlossen.

1483, Dec. bis *1486 Spätherbst?* R o m.
Arbeiten für Innocenz VIII. (1484, Nov. 14. Vgl. Müntz, Gaz. d. B. A. 1875, Oct.), *für Giuliano della Rovere, im Pal. Sti. Apostoli (e. 1483). Gemeinschaft mit Pinturicchio.*

1486, Dec. F l o r e n z. Skandalgeschichte im Verein mit Aulista Angeli de Perusia.

1487, Juli. „ Gerichtliche Verhandlungen deswegen. (Cr. u. Cav. IV, p. 193.)

1488. „ Tafelbild für San Domenico in Fiesole, verschollen.
In der zweiten Hälfte der achtziger Jahre spätestens scheint auch jene Beweinung Christi der Akademie zu Florenz entstanden und die Madonna mit 2 heil. Frauen in Wien (Saal III, 12). Eine ältere Wiederholung dess. in Florenz, Pitti, Nro. 340; die spätere im Louvre, mit Joseph an Stelle der Heiligen links, Nro. 426, rührt von einem Schüler des Francia her.

1488—89. F l o r e n z. Tafelbild mit San Bernardo für die 1. Cap. r. nächst dem Hochaltar in Sta. M. Madd. de' Pazzi, für die Familie Nasi. (Vgl. Uld. Medici, Dell' Antica Chiesa de' Cisterziensi ... Firenze, 1880, p. 20.)

1489, Aug. 8. Perugia. Beginn der Zahlungen für die Fresken der Sistina bei der Camera apostolica.

1489, Dec. 29, 30. O r v i e t o. Verhandlungen wegen Fortführung der Malereien des Fra Angelico in der Cap. S. Brizio des Domes.

1490, Dec. „ Contrakt mit der Domverwaltung (erneuerte Verhandlungen 1491. Jan. 15. u. April 28.).

1491, Jan. 5. F l o r e n z. Beim Congress der Sachverständigen wegen der Domfaçade.

„ März 5. Perugia. Rest seines Guthabens für die Sixt. Cap. bei der Camera apost. erhoben.

„ R o m. Altarbild, jetzt in der Villa Albani. Gemeinschaft mit Pinturicchio.

1491—92. „ Für Giuliano della Rovere in Ostia beschäftigt, *und zu Rom in der Grabcap. Sixtus' IV. in S. Peter?*
Correspondenz mit Orvieto, Juni 1492. Tod Innocenz' VIII. im Juli, Wahl Alexanders VI. im August. Giuliano entweicht vor seinem Feinde.

1492, Herbst. Rückkehr nach Florenz. *Gemälde der Vision des hl. Bernard in Sto. Spirito für die Familie Bardi, jetzt in München(?).*

1492, Nov. 20. F l o r e n z. Auftrag für das Wandgemälde im Kapitelsaal von Sta. M. Maddalena de' Pazzi und Beginn der Arbeit. (1496, Apr. 20. vollendet, cfr. Ulr. Medici, a. a. O. p. 33 f.)

Beginn des zweiten Aufschwunges zur der Glanzperiode 1492—98 in Florenz, im Wetteifer mit den Bestrebungen Lionardo's u. A.

1493. „ Gemälde für San Domenico in Fiesole: Mad. in trono m. S. Joh. Bapt. u. S. Sebastian, jetzt in der Tribuna der Uffizien.

„ „ Gemälde in Wien: Mad. in trono m. S. Petrus, Hieronymus, Joh. Bapt. und Paulus.

„ Sept. 1. „ Heiratet zu Fiesole: Chiara di Luca Fancelli.

1494. „ Gemälde für St. Agostino zu Cremona.

„ Juli. „ Bildniss des Spaniers „*Francesco di Lope*" in den Uffizien *(nicht Francesco dell' Opera, wie bei Milanesi).*

„ V e n e d i g. Verhandlung betr. Malereien in der Sala del Gran Consiglio im Dogenpalast. (Gaye II. 69 f.)

1495. F l o r e n z. Beweinung Christi für Sta. Chiara, jetzt im Pal. Pitti.
Gleichzeitig scheint mir das Jünglingsporträt, in den Uffizien entstanden, dort als Messer Alessandro Braccesi von Lorenzo di Credi geltend. Nro. 1217.

1496, März 6. Perugia. Wiederholter Auftrag für das Altarbild der Cap. de' Priori (jetzt in Rom, Pinacoteca Vaticana).

„ „ 8. „ Contract über die Himmelfahrt Christi für S. Pietro de' Cassinensi (jetzt in Lyon. Bruchstücke in Perugia, Rom, Paris, Rouen).

„ „ Auftrag für das Sponsalizio, das indess 1500 noch nicht begonnen war, *wie überhaupt keine dieser Bestellungen sofort erledigt scheint.*

„ April 20. F l o r e n z. Vollendung des grossen Fresko in Sta. Maria Madd. de' Pazzi.

„ Juni. V e n e d i g, wo er laut einem von Gio. Morelli im Archiv zu Mailand gefundenen Briefe arbeitet. Lodovico Moro wünscht ihn zu sich in Italia.

„ F l o r e n z. Kauft im Quartier S. Pietro Maggiore ein Grundstück, um ein Haus darauf zu bauen.

1497, Jan. 19. „ Urteilt mit andern Meistern über die Malereien des Alesso Baldovinetti in Sta. Trinità.

„ (Spätsommer?) F a n o. Altarbild der Familie Duranti in Sta. Maria Nuova. } *Erste Berührung mit Raphael?*

1498. F a n o. Verkündigungsbild in derselben Kirche.

„ März. Perugia. Brüderschaft S. Pietro Martire in S. Domenico: Madonnenbild mit Engeln und 6 weissgekleideten Brüdern (jetzt in d. Pinacoteca).

„ Juni 26. F l o r e n z. Als Sachverständiger bei Restauration der Laterne der Domkuppel.

„ Sept. 4. „ Kauft ein im Bau begriffenes Haus, Via de' Pinti.
Altarbild für die Certosa von Pavia, jetzt grösstenteils in London, Nat. Gall. (bestellt 1496?).

1499, Sept. 1.	Florenz	Aufnahme in die Malerzunft. Beginn der Atelierwirtschaft in Florenz und besonders Perugia.
1499, Sept. 1.	Perugia	Auftrag für die Malereien im Cambio.
1500.	Florenz	Gemälde für Vallombrosa, Glorie der Maria mit 4 Heiligen, jetzt in Florenz, Akademie. (Beihülfe von Schülern.)
„	Perugia	Vollendung der Malereien im Cambio.
	„	Tafelbild für Fil. Capra in St. Agostino.
1501, Jan., Febr.	„	Unter den 10 Priori des Magistrats von Perugia.
„	„	Malt das Sposalizio für den Dom S. Lorenzo, jetzt in Caen (vgl. Adamo Rossi bei Marchesi, il Cambio di Perugia).
1502.		Auftrag für die doppelte Altartafel in St. Agostino (nach Mariotti u. Crowe u. Cav. IV. 254 erst zwischen 1512—17 gemalt). Geburt und Taufe Christi.
„		Zeichnungen für das Chorgestühl von St. Agostino.
„ Sept. 10.		Auftrag für die doppelte Altartafel in S. Francesco al Monte.
		Auftrag von Chigi für die Kreuzigung in St. Agostino zu Siena (Archivio della Società Romana 1879, p. 482), bezahlt 1506. (Schülerarbeit.)
1503.	Florenz	Auftrag der Isabella v. Este für den Triumph der Keuschheit (jetzt im Louvre) — 1505.
„	Perugia	Wappenschilder Julius' II. geliefert.
		Auferstehung Christi, im Vatican (meist von Spagna).
1504, Jan 25.	Florenz	Sachverständiger für die Aufstellung des David von Michelangelo.
„	Città della Pieve.	Anbetung der Könige.
1505.	Panicale.	Martyrium des hl. Sebastian.
„ Juni.	Florenz	Sachverständiger für Mosaikköpfe des Dav. Ghirlandajo.
„ Juni 14.	„	Quittung für die Bezahlung des Gemäldes f. Isabella v. Mantua.
„ Aug. 5.	„	Auftrag zur Vollendung des von Filippino Lippi hinterlassenen Doppelaltarbildes (Kreuzabnahme in der Akademie, Rückseite in d. Annunziata).
1506.	Perugia	Eintragung in die Malermatrikel.
1507, Juni 5.	„	Bestellung des Bildes für den Schreiner Gio. Schiano, jetzt aus der Gall. Penna nach England verkauft.
1507/1508.	Rom.	Malerei in den Stanzen des Vaticans (Stanza dell' Incendio).

Nachträge und Berichtigungen.

Zu S. 7: Das im Berliner Katalog Nro. 132a aufgeführte Reliquiarium, das auch Lermolieff S. 303 als höchst charakteristisch für Pinturicchio anerkennt, ist nicht aus der Frühzeit des Meisters, überhaupt schwerlich ein Werk von ihm selbst, sondern gehört einem Schüler, der Perugino's Cambio-Bilder bereits kennt. Es ist ein geringwertiges Machwerk aus dem XVI. Jahrhundert, über das sich bereits Rumohr (Drey Reisen), durch den es nach Berlin gekommen, zutreffend ausgesprochen hat.

S. 8, Z. 4 u. 5 lies: Lanzol statt Lenzuol.

S. 19, Anm. Die Fresken an den beiden Seitenwänden der Cap. Bufalini sind neuerdings auch von Alinari publicirt worden.

S. 67, Anm. 2 u. 4: Die Zeichnung Nro. 376 (Rahmen 90) in den Uffizien ist nach einer Mitteilung Lipharts als Original zu dem Blatte der Malcolmsammlung anzusehen, dies von Kahl S. 27 abgebildete also nur eine elende Copie.

Zu Raph. & Pintur. S. 14 ff.: Der Orator des Kaisers Friedrich III. bei der Begegnung mit Eleonore von Portugal in Siena heisst Heinrich Leubing. Die Matricula Nobiliss. Germanor. Collegii und Annales Clariss. Nat. Germ. im Arch. Malvezzi de' Medici zu Bologna enthalten urkundliche Daten über ihn vom Jahr 1437. Vgl. Carlo Malagola, Della Vita e delle Opere di Antonio Urceo, detto Codro, . . . Bologna 1878. App. p. 594.

VI.

ZEICHNUNG IN DEN UFFIZIEN ZU FLORENZ

VON

PINTURICCHIO.

IV.

CAPPELLA DI S. GIROLAMO

NOW S.ta MARIA DEL POPOLO